存在的神话

——听文勇老师讲语文

文勇 著

WUHAN UNIVERSITY PRESS
武汉大学出版社

图书在版编目(CIP)数据

存在的神话:听文勇老师讲语文/文勇著.—武汉:武汉大学出版社,2011.7
ISBN 978-7-307-08893-1

Ⅰ.存… Ⅱ.文… Ⅲ.语文课—教学研究—中小学 Ⅳ.G633.302

中国版本图书馆 CIP 数据核字(2011)第 123168 号

责任编辑:朱凌云 责任校对:黄添生 版式设计:马 佳

出版发行:**武汉大学出版社** (430072 武昌 珞珈山)
(电子邮件:cbs22@whu.edu.cn 网址:www.wdp.com.cn)
印刷:武汉中科兴业印务有限公司
开本:720×1000 1/16 印张:14.25 字数:203 千字 插页:2
版次:2011 年 7 月第 1 版 2011 年 7 月第 1 次印刷
ISBN 978-7-307-08893-1/G·2050 定价:28.00 元

目　录

关于语文（代序）

文　勇

语文是生命的底色，也是生命的亮色！语文既是人生的支撑，更是人生腾飞的跑道！

人生从世俗的泥淖中超拔出来，升腾到诗意的空间，必有赖于语文！

人生从生命的苦难中超拔出来，升腾到自由的空间，必有赖于语文！

给无助的心灵带来希望，给稚嫩的双手带来力量，给迷蒙的双眼带来清明，给弯曲的脊梁带来挺拔，给卑琐的人们带来自信，给彷徨的人生带来方向的，那必然是语文！

语文与考试训练是两回事，前者关乎生命质量，后者关乎生存竞争；前者是崇高的、诗意的，后者是世俗的、野蛮的。应试教育为平庸之徒提供了生存舞台！为真正的智者设置了遍地榛莽！

语文所训练的是人对一切文明符号的理解力与创造力，语文素养高，干什么都高起点、如破竹；语文素养低，干什么都极弱智、自伤神！心智的觉醒、理性的培养、情感的熏陶、对艺术的敏感与高贵气质的涵养才是语文的根本任务！

语文是健全人格生成的基石，没有语文素养的人常常自甘被人奴役，逃避自由！真正的语文是一种生命方式，真正的语文考试要让人的生命鲜活、激昂、站立起来，成为考生生命中的一部分。好的考试制度注重创造与灵性，是让生命飞扬的阶梯，而不是压抑摧残生命的罪魁。

语文还能养成一个民族的英雄品格，屈子行吟，苏子夜游，文翁高歌，希直投笔！皆因为他们是文学高手！他们的内在空间被诗意储满，因而能为时代书写精神的符号！

语文关乎信仰，塑造灵魂，更关乎道德与爱的方式的生成！因此没有语文也就没有道德！

官员没有语文素养必然流氓化，商人没有语文素养必然成为另一种盗贼！教师没有语文素养必然沦为表面温柔实则更为凶残的隐形刽子手！

封建统治者奴役大众是从破坏语文开始的，商业社会的本质表现为掠夺和欺诈，原因是语文的衰落！现代社会加速了人的原子化，人沦为涣散的、孤独的个体，现代社会是典型的“反语文社会”！因为人的原子化正是新的集权主义猖狂的社会基础！

为天地立心，为生民立命，为往圣继绝学，为万世开太平，舍语文其谁？

中国语文的黄金时代是北宋，语文优秀者为政是一个时代的幸运！悲悯众生的情怀、继往开来的慧眼、担当天下的能力皆是语文内核的延伸。北宋也有小人，但皆是语文冥顽者！

风雅不盛，社会风气必然败坏！因为人的构成很简单，人就是他吃进去的东西！一个没有语文作为引导的社会，必然成为江湖骗子的乐园！在没有良好语文风气的社会，在语文被视为卑贱的媚物的社会，无耻会渗透到社会的每一个角落！在语文素养被根绝的社会，流氓意识会变成国家意志，欺诈玩弄会成为大众生活准则！这样的社会比原始丛林还要凶险，原因在于人的智力会用于钻研欺诈！

语文还是民族利益最大化的必然选择！因为母语就是我们存在的家园，也是我们的全部尊严之所在！语文是教育的全部内核！古人所有的教育都集中于语文。但在技术至上、娱乐至死的时代语文被迫偷偷哭泣！因为我们的工厂式学校已经有了相当完备的语文废品流水线：从小学的虚假道德、中学的空洞理想到大学的无趣审美！

世俗的荣誉与语文无关，而与利益及卑贱的人格有关，在一个荒诞的氛围中，终身没有入门的人完全可以获得最高的语文“荣誉”，比如“特级”等称谓！

政治常常改变一切，包括语文！

时间是最后的发言人，语文是最权威的发言人！

2010年12月5日偶成于汤逊湖畔

觉醒自由人生的标志性文本

——《赤壁赋》课堂实录

点评：孙绍振　授课：文勇

◎孙绍振点评：

我一直忙乱，下午要去广西，上午有些空闲，下决心对你的大作，仔细拜读。下面是我的评论：

第一印象，这不但是你的语文课中的最佳质量，而且拿到全国去，也属于第一流的。

第一流，并不是胡乱捧场，而是实实在在的思考。

我向来以为教中学语文比之数理化，要难得多。因为数理化有标准答案，有些答案是两千年前就有了的，有些答案则近些，也是一两百年前就获得公认的。就是最新的成就，也是举世公认的，写在权威的著作或者论文里。数理化老师比之学生无非就是提前学得了，只要把这些东西提供给学生，学生就信服了。而语文课则不然，它没有标准答案，它的好处，就在答案不断与时俱进，不断随着时代智慧的演进而演进。经典文本可以说是时代智慧的祭坛，每一个时代都要把聪明才智奉献给这个祭坛。一些不明于此的老师，以为教参就是标准答案，照搬一番，学生照例并不买账。终生不悟者不但误人子弟，而且白白浪费了自己的生命。那些写教参的人士，除了个别的例外，大多数并没有多少真知灼见，常常满足于东抄西抄，结果就不能不是泥沙俱下，鱼龙混杂。不乏以其昏昏，使人昭昭者。

理想的中学语文老师，应该是对经典文本，前人解读了几十年，甚至上千年的文本，拿出自己的见解来，用自己的生命和学养读出深层的奥秘来。

因而理想的语文老师应该有研究能力，有大学问，有比较多的学术资源，能对经典文本作出独特的解密。但是，这样的老师，在我们中国，乃至全世界是太少了。

文勇先生的这堂课，可谓让我相信，我的理想并不是空想。

一般的老师，把课堂时间绝大部分用来作文字和典故的梳理。但是，文勇只用了很少的时间。我想，他这样的处理是有道理的。因为这些文字上的、语法上的、文化背景上的问题，没有难度，不需要太强的理解力。

文勇把最大的精力，最长的时间，用在了对文本的解读上。

他的解读，没有拘泥于文本，最大的特点，既扣紧了文本，又超越了文本，通过文本，把苏轼当时的处境，当年的思想境界还原了出来。不但读通了文字，而且读通了苏轼的思想和境界。他调动出来的学术资源很是丰富，从康德到林语堂，从中国佛学史到苏轼的官职待遇，左右逢源。从一开始，他就提出，把《赤壁赋》的开头当作“写景”的论述是表面的，这里的写景不是一般的抒情，而是某种哲学性的写景。这就抓住了文本解读的纲领。以下的解读，表现了他对苏轼的生命传记，苏轼的思想的熟悉，尤其精致的是对他的禅、道的生命观，苦乐观，有限与无限，逝与不逝，盈虚与消长，取与非取，作出了相当深邃的分析，其中不少是他的发现和独特体悟，例如，他对林语堂的批判，因而带着很强的学术性。从这个意义上说，这堂课，不是一般的好课，而且可以毫不夸张地说，更像是一场学术报告。然而，学术并没有妨碍课堂的交流，原因是他把苏轼生存状态还原得那样生动，那样具体（比如每天用多少钱），那样的细致入微。这样就把课堂的感性与学术抽象水乳交融地结合了起来。

从这里，是不是可以得到某种启示，要进入语文课堂的理想境界，就要像文勇这样，既有广博的学术资源，又有相当的研究能力。

师：上课！同学们好！

生：老师好！

师：大家把这些字词看一下，有些关键字要重点提示一下。

“举酒属客”的“属”通“嘱”，这里指劝人饮酒。“冯虚御风”中的“冯”，通“凭”，乘的意思。“七月既望”的“望”，农历每月十五。“纵一苇之所如”中的“如”，往、到的意思。“冯虚御风”的“虚”，古意是“凌空”的意思。“美人”，特指“圣主”、“贤臣”或“美好理想”。

这里有几处“之”字的用法要注意，“哀吾生之须臾”中的“之”，助词，主谓间不译。“惟江上之清风”中的“之”，结构助词，可翻译成“的”。“耳得之而为声”中的“之”，代词，“它”的意思。“月出于东山之上”中的“之”，助词，可不译。

虚词“于”的用法在本文有两处：“苏子与客泛舟游于赤壁之下”中的“于”，介词，“在”的意思；“此非孟德之困于周郎者乎”中的“于”，介词，表被动。文中“歌”字有两处不同用法：“扣舷而歌之”的“歌”是动词，唱的意思；“倚歌而和之”的“歌”是名词，表示歌声。

此外，还有一些特殊句式和词的活用值得我们好好研究：

“月出于东山之上，徘徊于斗牛之间。”属于状语后置句式，本为“于斗牛之间徘徊”。“凌万顷之茫然”是定语后置，“凌茫然之万顷”。“渺渺兮予怀”是倒装句，“予怀渺渺兮”。

“西望夏口，东望武昌”中的“西”、“东”，名词作状语。“侣鱼虾而友麋鹿”中的“侣”、“友”，意动用法。“舞幽壑之潜蛟，泣孤舟之嫠妇”中的“舞”、“泣”，使动用法。“桂棹兮兰桨”中的“桂”“兰”，名词作状语。“羽化而登仙”中的“羽”，名词作状语。“乌鹊南飞”中的“南”，名词作状语。“不知东方之既白”中的“白”，名词作动词，显出白色。“顺流而东”中的“东”，名词作动词。“下江陵”中的“下”，名词用作动词。“肴核既尽”中的“尽”，形容词用作动词。

这篇文章是押韵的，我们先来了解一下韵脚，看到 PPT

上面本文押韵换韵的字。间、天、然、仙、桨、光、方、慕、诉、缕、妇、稀、飞、诗；昌、苍、郎、东、空、雄、鹿、属、粟、穷、终、风、往、长、瞬、尽、主、取、月、色、竭、适、酌、藉、白。

关于课文内容，我们把它归结一下，第一节写月夜泛舟的陶醉；第二节写悲凉箫声的伤感；第三节写人生失意的悲情；第四节写随遇而安的人生态度；第五节写忘情尘世的洒脱。最后两节是关键，也是这篇文章启迪后人的关键段落。

师：前面讲到的都是基础性的东西，需要重视，但学习本文我们应该将重点放在探讨文本的价值和意义上。要把这篇文章读懂不是一件容易事，可以说千年以来作者苏轼一直都在等待知音，但是真正的知音没有几个，他应该是了解苏轼的人生观和他在这个时候心情、心境的人。我们就是要尝试走进苏轼的心灵世界，去当苏轼的知音！真正地去理解苏轼在黄州五年炼狱般的生活，以及他灵魂升华的过程，这就是这篇文章重点和价值所在。

师：先看第一段，作者写了什么样的景？这样的写景方式与一般人写景有什么不同？上一节课我校黄敏老师已经给大家作了一些讲解："寥寥几笔勾勒了秋江月夜泛舟的月白风清、水天相连的景象。"但仅仅这样讲还不够，文老师给这种写景方式取了个特别的名字，叫做"哲学意义上的写景"。为什么是"哲学意义上的写景"呢？有没有同学能够理解它的深刻含义？

生（黄诗艺）：这里，客观描写的景象和自己内心情感引起了共鸣，笔下的景物是作者根据自己的心声来抒写的，是一种散文和诗歌相结合的描写。

师：但是这种写景的哲学意义体现在哪里呢？

生（张君航）：我觉得哲学意义上的写景是说苏轼描写的景物都具有哲学上的一些特点。比方说，"清风徐来水波不兴"，正常情况下刮风的时候水应该是动的，而"水波不兴"，这就是哲学上的含义了。

师：有风时水波不动，这是哲学吗？

生：我认为作者是对具有象征意义的哲学性的景物进行了描写。

师：哲学性的景物是什么呢？

生：一些景物的自然现象可以揭示他所认为的哲学的道理。

师："自然揭示哲学的道理。"这句话说的很在行！也就是对自然和人的关系作了哲学思考或者哲学处理之后，再进行写景，这就叫哲学意义上的写景。这里的写景特别在什么地方呢？突出了人的渺小，江天月夜的浩渺。哪一句特别突出了这一点？

生：纵一苇之所如，凌万顷之茫然。

师："纵一苇之所如，凌万顷之茫然。"人在宇宙当中显得多么的渺小啊！

下面我们来看林语堂先生，这位著名的文学家对这段文字的鉴赏，我认为林语堂先生这里的鉴赏相当平庸，文老师的解读远远超越他的水平，他说：人生在宇宙中之渺小，表现得正像中国的山水画。在山水画里，山水的细微处不易看出，因为已消失在水天的空白中，这时两个微小的人物，坐在月光下闪亮的江流上的小舟里。由那一刹那起，读者就失落在那种气氛中了。

苏东坡正和同乡道人杨世昌享受夜景，那是七月十六仲夏之夜。清风在江面上缓缓吹来，水面平静无波。东坡与朋友慢慢喝酒吟诗。不久，明月一轮出现于东山之上，徘徊于北斗星与天牛星之间。白雾笼罩江面，水光与雾气相接。二人坐在小舟中，漂浮于白茫茫的江面之上，只觉得人如天上坐，船在雾中行，任其漂流，随意所之。二人开始歌唱，手拍船舷为节拍。唱出了：

桂棹兮兰桨，击空明兮溯流光，
渺渺兮予怀，望美人兮天一方。

东坡的朋友擅吹箫，开始吹起来，东坡哼着歌唱，箫声奇悲，如怨如慕，如泣如诉，余音袅袅，细若游丝，最后消失于空气之中。另一个船上的寡妇竟闻之而泣，水中的鱼也为之感动。

苏东坡也为箫声所动，问朋友何以箫声如此之悲。朋友告诉他："你还记得在赤壁发生的往事吧?"一千年以前，一场水战在此爆发，决定了三国蜀魏吴的命运。难道苏东坡不能想象曹操的战船，真是帆墙如林，自江陵顺流而下吗？曹操也是个诗人。难道东坡不记得曹操夜间作的"月明星稀，乌鹊南飞"的诗句吗？朋友又向东坡说："这些英雄，而今安在？今天晚上，你我无拘束，驾一叶之扁舟，一杯在手，享此一时之乐。我们不啻宇宙中的一蚊蝇，沧海中的一砂砾。人生在瞬息之间，即化为虚幻，还不如江流之无尽，时光之无穷。我真愿挟飞仙而遨游于太虚之中，飞到月宫而长生不返。我知道这些只是梦想，从无实现之望，所以不觉箫声吹来，便如此之悲了。

文老师为什么说林语堂这么有名的大家的解读很平庸呢？其实是有道理的。林语堂先生对这文章的解读停留在表面，只有一般中学老师的水平。

师：请同学们先抄下文老师对这篇千古绝作做的评价：

自佛教传入中国以来，中华文明经历六百年孕育，至北宋时期，其精神境界为之开阔，其精神内核为之丰富深邃！从"天朗气清"到"千峰映月"、"无一物中无尽藏，有花有月有楼台"。到苏轼这里，终于有了气吞山河之气概，有了后人邈不可攀之境界！而《赤壁赋》可谓是这六百年文化积累后禅道文化在文艺层面上的巅峰之作！是禅道精髓切入人生形式的有力证明！

要研究苏轼在这里写景的深刻含义，伟大在什么地方，我们得先从唐宋文化的精神与传承讲起，来研究一种人生形式与文化精神之间的关系奥妙！

同学们先把哲学家康德的一句话记下来：

没有无概念框架的经验世界！

——康　德

唐代诗人的“框架”就是一种宇宙的胸襟，就是青山、明月，就是青山与明月共同构筑起来的宇宙背景。

有一个研究中国唐诗的日本专家宫崎市定说：“唐代诗人首先发现了‘无限’这个感念。”唐代诗人从感性经验的角度发现了空间的无限，从而进一步认识了人在宇宙中的位置与追求。德国哲学家谢林讲过：“在艺术中，无限通过有限的形式来表现自己！”诗人渴望突破有限的人生，追求无穷的诗意人生！

有诗为证：

王勃在《送杜少府之任蜀州》中写道“城阙辅三秦，风烟望五津”。

这个“风烟”的意象涵盖无穷，还有后面“海内存知己，天涯若比邻”的句子，这都是将人安放在茫茫宇宙中间来进行考察、定位、思考，进而创作出来的诗；王昌龄的《送柴侍御》“流水通波接武冈，送君不觉有离伤。青山一道同云雨，明月何曾是两乡”亦是。大家把这首诗记下来，太经典了！

“朋友，我们同在一片蓝天下。”

到了苏轼的时代，有一个整体性的发现，主要是和尚们的发现，他们的伟大发现在什么地方呢？就是继承了唐人的发现，并进一步从理性思辨的角度拓展了它的宽度，把人与宇宙的关系搞清楚了——人就是宇宙的一部分，人就是自然的一部分，最重要的是禅宗一派将自然与人的生命境界结合起来，将人与自然通体融通，造就了禅道真人随缘万化、满眼风光、水流花开的气概与境界。

苏轼积极呼应了这种伟大发现，用文学为后人表现了这种风光！了不起！请看宋代的一个和尚留下的千古流传的偈语："千江有水千江月，万里无云万里天。"顺便说一句，宋代的和尚是中国历史上最有深度最有魅力的和尚啊！苏轼就喜欢跟这些人玩！（笑）

"千江有水千江月，万里无云万里天"，这是唐代的和尚唱不出来的！当然清代还有人继续这个思路写出更优美的诗句："秋空一碧无今古。"这句诗妙在时间上感觉不到今人和古人的区别，在空间上"我"和宇宙，"我"和深秋的天空是融为一体的，这已经是中国古代哲学——天人合一最完美的体现了。

师：下面我们来研究宋代这位和尚所吟唱的这句话的妙处。

佛说：一花一世界，一鸟一天堂，一叶一菩提，一物一有情。也许，在常人眼中，一花，一鸟，一叶，一物，都是极其微小事物，何以一花便成就一世界，一鸟便坐拥一天堂，一叶便有一菩提，一物便生一情？"心中有便是有，心中无，即是有也无"，佛淡然回之。佛的回答不免让人想到了唯心主义，无中生有，有也说无！可佛的真意是这样吗？抬头，佛睿智的脸上仍旧是露出一丝淡定的微笑：那是一种心境，淡然亦超然！

千江有水千江月，心似水若镜，自然能如千江映月；

万里无云万里天，心空灵无物，自然能见碧天万里。

这亦是一种境界，淡然乎？超然乎？

行走于纷繁的世界中，我们不免有浮躁的时候，心里也难免时有丝丝尘埃。我们脚步匆匆，身影也匆匆。人很忙碌，心很茫然。虽然一直在赶路，可是路在哪儿？是不是世界太喧嚣，而不能定然望前方？是不是行走的太匆匆，而忘了思考？抑或是背负的行囊太重，让心灵无法驻足？但无论如何，我们确实需要停一停了，望望前方，静静思考，也让心灵歇息歇息。

这里我们要知道这样的一个背景知识，大家知道苏轼到了黄州后干的第一件事情是什么吗？他在一个道观里打坐，修炼禅宗七七四十九天。苏轼一到黄州时没有安排正式工作，虽说是官府里的团练副使，但后面括号里注明“不得签署文件”，因此他没有资格去官府工作。官府也没有为他安排住房，他就只好住在庙里，一家人大大小小吃饭都成问题，于是乎，他昏天暗地地睡觉，睡醒了就与和尚、道士们来往，他曾有一段时间专门研读佛经，这一时期也是他真正深入佛教的时期。无聊的时候，他就去江边捡鹅卵石，与人比赛在江面上打水漂，据相关资料记载，他一共收藏了从江面捡回的那种很漂亮的鹅卵石 298 颗。

一个小偷光顾了一位禅师的禅房，可是实在找不到可偷的东西。正要离去，却遇见了禅师，顿时惊慌失措。禅师却和悦地说：“你大老远的走山路来探望我，总不能让你空手而回啊。”说着脱下身上的衣服，说道：“夜里凉，你带这件衣服走吧！”在月光下看着小偷的背影渐渐远去，清凉的山风吹来，禅师感慨道：“可怜的人啊，但愿我能够送一轮明月给你。”

认识“一轮明月”的意义是需要悟性的，明月需要你送吗？它其实是暗喻，象征着我们的自性。每一个人，自性中都有无限无尽的宝藏，“千江有水千江月，万里无云万里天”的境界也自然是不必求的，也不能求的。因为它们本来就在悠悠天地中。我们每时每刻都拥有它们，我们不能感觉到，只是因为我们的心中没有为它们留出一个角落。

请齐读下面这首诗：

千尺丝纶直下垂，一波才动万波随；
夜静水寒鱼不食，满船空载月明归！

夜半垂钓，水寒无鱼，但得道之人与凡夫不同，岂有一般的盈亏得失？这是何等的潇洒！抛却俗世葛藤纠缠，本自具足的一个世界！我们需慧眼悟得心中的那一轮明月，那轮具有一切的智慧，一切的光明，亘古不变，独朗独照，湛然灵寂，永远不离不弃我们的“明月”。明月朗照于心，心中有江，便有千江皓月；心中无云，便有蓝天万里。

把“明月朗照于心，心中有江，便有千江皓月；心中无云，便有蓝天万里”这句话记下来，这就是宋代那个和尚吟唱的“千江有水千江月，万里无云万里天”的内在含义。

师：文中苏轼说：“纵一苇之所如，凌万顷之茫然，浩浩乎如冯虚御风，而不知其所止；飘飘乎如遗世独立，羽化而登仙。”这里苏轼已经把自我和宇宙大化合为一体，他充分认识到自己在宇宙中的位置是那么的渺小，暗含了一种从流飘荡，任意东西的处世观。人生活在世界上一定要随缘，正如庄子讲的要“安时处顺”。当一个人鸿运当头的时候，当然可以尽情发挥，可以去成就事业，收获爱情，创造美好，尽情的去享受，但是，如果噩运灾难来临，也得安然处之。这是苏轼到了黄州以后觉悟到的伟大！

师：我们来看第二段，苏轼与客人一起到船上去喝酒，非常高兴，于是就唱起了歌，歌词表达了主人怎样的情怀呢？

请看苏轼在《寒食贴》里写的话，他说：苦雨搅着湿柴，泪水拌着忧伤，独上层楼，浩虚苍茫，静观自我，归路何在？这说明这段时间苏轼在黄州是非常苦闷、忧伤的，而且他所有的积蓄也仅仅只够一年的生活费，真是内外交困啊。苏轼从来不管钱的事，也从来没想到自己还需要攒钱，等到被贬到黄州以后没钱了，他才发现一大家子的生活都成了问题，“每月初一，苏轼便取出四千五百个大钱，分成三十份，每份一百五十个钱，挂在屋梁上，每天早上用画叉挑取一份，即藏起叉子，将挑下的钱当作一天开销，如有盈余，则放置一大竹筒内存起来，以待来了宾客招待之用，算算手头全部积蓄，尚可支撑一年有余”。就像我们今天有的同学每天控制自己只用 10 元钱或者 5 元钱一样。

苏轼是这样做的，这段时间他开始感觉到了生存的压力，并产生了一种紧张感，而在这种紧张感的背后，他当然想到了“美人”，“美人”是什么？是他心中渴望实现的理想。在这个苦闷的非常时期，只有客最理解他，这个客不是一般的人，文老师说这个客是个哲学家，他是苏轼老家四川绵竹五都山上的一个叫做张世昌的道士。他听说苏轼被贬了，作为老朋友，他决定去看望苏轼，于是，他专门从四川到了湖北，去庐山玩了一段时间后，来到黄州时身上一分钱都没有了，只带了一支竹箫来。苏轼很欣赏他的才华，他也是一个非常随和的人，他来的时候，苏轼说："我家里没有地方住呀，江边有条破船我们看能不能住那里。"道士说：我泥行路宿，一任天然。一住竟然住了一年多。

客就是这样的一个人，文老师说他是个哲学家，你们想想他"哲学"在哪里呢？

生：他最能理解苏轼，苏轼一开腔唱歌，他就知道苏轼要唱什么调子。

师：所以他"倚歌而和之"，且和得非常准确，苏轼深为感动。"愀然"，什么叫"愀然"啊？伤心动情啊，被深深的感动了。客为什么会反乐为悲而为他伴奏呢？悲从何来呢？

生：悲人生之短暂，悲世人之渺小，悲功业之虚幻。

师：对！曹操这么伟大的人物现在又如何呢？这倒有点虚无主义的色彩，有点阿Q的精神在里面，就像《三国演义》开头写的"浪花淘尽英雄，江山依旧在，几度夕阳红"。他感叹人生的虚无！

师：但是他的感叹对苏轼有什么影响呢？

苏轼是不是也跟着他一起感叹虚无呢？

生：没有，一问一答，苏轼的回答使得客最后又改变了态度，由悲又转喜，这说明苏轼和客的观点是不一致的。

师：那么苏轼是什么态度呢？

生（张锶源）：随遇而安。

师："随遇而安"，说得很好！苏轼大讲了一番变与不变的道理，取与不取的道理，这反而给客上了一课，所以使得客后来通达了，觉悟了。苏轼的话里有两个核心：一个是变与不变的道理，另一个是取与不取的道理。

从变的角度来说，天地万物都是瞬息万变的，就如水和月亮一样，江水日夜不停地流，月从亏到盈不断地变化，我们不能两次踏进同一条河流；从不变的角度，作为个体的人，生命是短促的，但人参与了整个人类的生命活动，把自己与整个宇宙化为一体，这样就同宇宙一样具有永恒的存在。

从“取与不取”的角度来讲，“苟非吾之所有，虽一毫而莫取。惟江上之清风，与山间之明月，耳得之而为声，目遇之而成色。取之无禁，用之不竭”。难道能说“我”这个人穷吗？“我”今天被贬，生活上没有着落了，“我”一家人都养不活了，但是“我”不是一个穷人，而是个富人，“我”是精神贵族。“造物者之无尽藏也”，就是说造物者的宝藏全部归“我”所有，难道“我”不富裕吗？有一个小孩的父亲在城市里买了一幢豪华别墅，父亲又花了很大的工夫在别墅旁边建了一个很大的花园。有一天，这个小孩随他的父亲到乡下居住的爷爷奶奶家，小孩子看到大自然的青山绿水，非常兴奋，向爸爸感叹道：“爷爷奶奶家的花园真大呀！”他父亲花了再多钱建造的花园也赶不上爷爷奶奶家自然的天堂。

师：“客喜而笑”，客也觉得先前的观点是错的，达到了主客同喜，逍遥陶醉，坦然面对，“不知东方之既白”这样一个高妙的境界。两个人陶醉其间，忘记了自我，忘记了山川日月，忘记了时间，这是一种绝对的轻松，绝对的陶醉，这种连自我的形体都忘记了的陶醉，这才是真正的陶醉。

山水随缘好，乾坤日夕宽。
偶然成一偈，万事不相干。
掬水月在手，弄花香满衣。
始随芳草去，又逐落花回。

三间茅屋从来住，
一道神光万境闲。
莫把是非来辨我，

浮生穿凿不相关。

——宋代《碧岩录》卷九

幸为福田衣下僧，数声清磬一闲人。

有缘即住无缘去，一任清风送白云。

——百丈怀海

看一看宋代人的潇洒与美丽，全在这儿！

师：《赤壁赋》最后一段写得最好，在文中至关重要，你能看出来吗？这个结尾意味深长，既照应了开头超然欲仙的快乐，又向我们作了何种暗示呢？

要回答这个问题可是很难的。我们下节课再讲苏轼这样写的哲学背景，讲他的读书经历！

(第二课时)

师：上课！同学们好！

生：老师好！

师：苏轼的启蒙老师有两个人，一个是他伟大的母亲，另一个是一位叫张易简的道士！苏轼小时候就精通《庄子》，他受庄子的影响太大，他曾经回忆自己第一次读到《庄子》时的感受时说："吾昔有见，口未能言。今见是书，得吾心矣。"文章开头写他乐，饮酒乐甚，最后又写道喜而笑，两个人又陶醉在江面上，连船往哪里走都不管，完全忘记了自我。两个"乐"的层次是不一样的，是有深化的。请把这段文字齐读一遍。

生：第一阶段的乐是一种审美初感的愉悦，偏重于感官的愉悦，也是作者暂时忘忧，主观上力图避开内心烦扰而获得的暂时的陶醉；而在最后阶段的乐，是一种畅神之乐，是对生命真谛、宇宙真谛大彻大悟之后的至乐，是一种勇于直面现实而经过深刻体悟之后的乐。无可置疑的是，这后一种审美体验远比前一种更稳定，更持久，更深刻，因而它是一种指向未来及永恒的超现实的审美体验，无疑地，这也是一种真正意义上能够升华人格、完善人性的审美感受。

正是天地之浩然正气，山水之勃勃生气，培育了他开阔的胸襟、高尚的情操，给了他自强不息的强大精神力量，使他在此后人生路上，虽多次升沉、迭遭坎坷而仍能不改其志，始终保持积极乐观的人生态度。《赤壁赋》正是作者对自然美进行深层次体验的一个艺术结晶，也是自然美熏陶提升作者人格的最直观最生动的写照。

师：我们读了这一段文字，前后都有一个“乐”字，但是这两个“乐”的程度是不一样的，能发现吗？

生：后面的好像更陶醉一些！

师：对！后面的一个“乐”是作者经过深刻的体悟之后的大乐，是一种觉悟之后的乐，按照中世纪伟大的哲学家托马斯·阿奎那的说法，苏轼给自己找到了人类最高尚的那条“超自然的幸福之路”！好伟大啊！德国汉学家鲍吾刚在《中国人的幸福观》中总结说：“顿悟观是中国人对佛教发展的最大贡献。所有知识分子对阐释佛教教义作出的努力，他们那复杂的无止境的在思维中表现其中泯灭现实的反映程式，以及所有的优秀的著作思考，与顿悟相比之下都显得苍白无力。真正的顿悟是来自一个完全不同方向的启发，使人们突然感到世界终止了。就像监狱中一块松动的石头，由于盲目的不断摸索使得整个监狱突然坍塌了，不管这墙有多高，从而使人得到救度！”多准确啊！

下面我们来总结一下这篇文章中苏轼的觉悟，苏轼在黄州四年半的期间觉醒了，那么他的觉醒究竟体现在哪里呢？

“苏子曰……”这段文字特别提到水和月，“客亦知夫水与月乎？”这是不是转移话题呢？道士张世昌给苏子伴奏的时候，说道：“你看看那些英雄人物现在在哪里呢？人生好短暂啊，人在天地之间多么渺小啊，所以听你唱歌时，我情不自禁地就产生了一种深深的悲哀。”于是苏轼立即把话题岔开了，“我先给你讲个道理啊，你知道水和月的道理吗？”大家请注意这里对水与月的描写，这不是纯粹感性经验的描写，而是进入了历史想象空间的描写。伟大的艺术家都不止观察眼前的事物，还要进入历史、哲学、文化、思想、人生的领空去思考，因此这里有现实的水月，也有历史中的水月和哲理中的水月。

由水月再来谈人，讲水与月变与不变的道理，逝与不逝的道理，盈虚与消长的道理，根本目的是要讲讲人生自由的问题，这才是苏轼真正的用意，他要讲述人在这天地之间的位置！

苏轼的哲人气质就是在黄州这个地方造就的，他渐渐地看清了一些事情的本质，看清了功名利禄并不是自然交给人类的本性，于是便有意识地将自己从高高的庙台上放了下来，去找寻自然的造化之法，去找寻一种做普通人的快乐。一个朝廷官员被贬到乡下来，一般人是非常难适应的，今天有些高官退休后就会感觉特别不适应，我有一个朋友在省局当副局长，他本来有当省长之才，但是却很不得志，以前他当市委书记时邀请文老师给他当秘书，文老师没有去，那时文老师还很年轻。等他六十岁一到，朋友聚餐时发现他没有轿车了，也没有专人司机了，回去还要打的士，完全没有以前那么威风了，他跟我讲话时就很沮丧，有一句话我永生难忘，他说：中国的事情中，最荒诞的发生在官场！你看看一个官员原来优厚的待遇突然没有了，他多么失落。

大家想一想，苏轼作为一个朝廷的官员，做过很多地方的一把手"太守"，现却被贬抑到这个地方，可是，苏轼的潇洒也潇洒在这里：让我做农民，我就把农民做好；让我做官，我就把官做好，做得人民都纪念我，这就是苏轼。所以老子讲一个人要能退能守，这是做人最根本的地方，若是只能接受成功，不能经受失败，这样的人不会取得大的成就，也不会真正的快乐。文老师以前给你们讲过失败是人生的常态，而成功才是变态，人生要面临多少的失败啊！

苏轼在给友人的信中这样写道："得罪以来，深自闭塞，扁舟草履，放浪山水间，与樵渔杂处，往往为醉人所推骂。辄自喜渐不为人识，平生亲友，无一字见及，有书与之亦不答，自幸庶几免矣。”苏轼，明明是轰动朝野的大诗人，是大名鼎鼎的“乌台诗案”的主角，现在在这里却不为人所知。他在黄州只有两三个很好的朋友，一个是卖酒的，一个是卖药的，还有一个朋友叫陈季常，他的妻子就是那个很凶悍的，被苏轼在诗中写作“河东狮吼”的那个妇人，连苏轼去拜访朋友陈季常，都被这位妻子破口大骂，于是苏轼写了一首诗让她名垂青史（全班笑）。

从苏轼给友人的信中可以看出他这一段时间已经修炼得很好了，已经具有了超然的心态。这里我要给大家推荐一本书，作者是中国台湾的李一冰大师，他花毕生精力写的《苏东坡大传》，他这样总结苏东坡在黄州的生活：

临皋亭外呼啸不停的涛声，赤壁矶畔郁郁苍苍的山容林相，原来看似没有生命的一山一水，一木一石，只因有时间与他接近，日夕相见，不觉产生了意想不到的感情，有了感情才蓦然发现宇宙所孕育的万物，适其自适，各得其所（大家把这八个字记下来），不但都具有内在的生命，而且蕴藏着无限的生机！一个在人生旅途中漂泊的灵魂，被大自然慈祥的母性容纳了，则与朝阳夜雨，春花秋月，同为有情天地的一分子。

人与自然构成一个和谐的整体世界，即于天地精神合一，使本是局促的生命，即能无限扩大，无限超升，脱出现实世界的时空限制，获得“游于万化”的自由。

同学们把最后这句话记下来，什么叫做“游于万化”的自由？这一问题，后面我们会重点讲。这是中国最有影响力的哲学道理，中国文化最有价值的部分，讲人和天地大化同其流。一起把这一段精美的散文读一遍，“临皋亭外呼啸不停的涛声”，读！

生：临皋亭外呼啸不停的涛声……

师：什么是与天地精神合一呢？这是不是阿Q精神呢？什么是“获得‘游于万化’的自由”呢？这是一个问题，这是一个值得我们永远去思考的问题。下面我们来学一段庄子《齐物论》里面关于人与自然高深的哲学性论断：

一受其成形，不亡以待尽。与物相刃相靡，其行尽如驰，而莫之能止，不亦悲乎！终身役役而不见其成功，苶然疲役而不知其所归，可不哀邪！人谓之不死，奚益！其形化，其心与之然，可不谓大哀乎？人之生也，固若是芒乎？其我独芒，而人亦有不芒者乎？

翻译一下：“一受其成形，不亡以待尽。与物相刃相靡，其行尽如驰，而莫之能止，不亦悲乎！”意思是说人一旦秉受了人的形体，不参与宇宙变化而消极等待形体消耗殆尽是可悲的，这里庄子所说的变化是指与天地万物共进共退，这就是“与自然俱进”，这就叫做变“化”。有一个故事，庄子的一位朋友得了重病即将死去，他的妻子哭得一塌糊涂，他的朋友来看他，结果很愤怒，把她狠狠训斥了一顿：“你的老公正在和天地万物发生化学变化，这是一件伟大的事情，你哭什么哭？快滚开！”(笑)

“与物相刃相靡，其行尽如驰，而莫之能止，不亦悲乎！”是说：他们跟外界环境或相互对立或相互顺应，他们的行动全都像快马奔驰，没有什么力量能使他们止步，这不是很可悲吗！

庄子把一个人不能够参与宇宙万物变化过程看作是很可悲的事情，认为人过于以自我为中心，而不能和宇宙万事万物共同变化，共同进步是大悲哀。而今天我们整个人类更是特别以自我为中心，美国一个著名的哲学家弗洛姆写了一本非常伟大的书——《为自我的人》，人类的自我中心已经极具膨胀，达到疯狂的程度，依我看现代文明的创痛需要庄子来疗伤。庄子认为人应该尊重自然，人就是自然的一分子，庄子还说："终身役役而不见其成功，苶然疲役而不知其所归。"意思是有的人终身劳碌而不见得有什么成就，疲惫困苦却不知道生命的目的和意义究竟是什么。这样的人活着又有什么意思呢？庄子的思想太伟大了！

苏轼七岁就开始跟着道士读书，他的启蒙老师就是道士，那个道士叫张易简。道士让他读的就是道家的经典，所以他小时候就已经开始读《庄子》，因此我批评林语堂先生写的《苏东坡传》，他没有把《庄子》读通就开始写，这是他的一大败笔。这段文字还暗化了《庄子·齐物论》里另外一段文字，这也是一段经典的文字，我们来一起看一下。

南郭子綦隐机而坐，仰天而嘘，荅焉似丧其耦。颜成子游立侍乎前，曰："何居乎？形固可使如槁木，而心固可使如死灰乎？今之隐机者，非昔之隐机者也？"子綦曰："偃，不亦善乎？而问之也！今者吾丧我，汝知之乎？女闻人籁而未闻地籁，女闻地籁而未闻天籁夫！"子游曰："敢问其方。"子綦曰："夫大块噫气，其名为风。是唯无作，作则万窍怒呺。而独不闻之翏翏乎？山林之畏佳，大木百围之窍穴，似鼻，似口，似耳，似枅，似圈，似臼，似洼者，似污者。激者、謞者、叱者、吸者、叫者、譹者、宎者，咬者，前者唱于，而随者唱喁。泠风则小和，飘风则大和，厉风济则众窍为虚。而独不见之调调之刁刁乎？"子游曰："地籁则众窍是已，人籁则比竹是已，敢问天籁。"子綦曰："夫天籁者，吹万不同，而使其自己也。咸其自取，怒者其谁邪？"

这段话的意思是：南郭子綦凭着几案在那里坐着，仰头向天缓缓地呼吸，进入了超越对待关系的忘我境界。“仰天而嘘”是说和天地万物合为一体了，他的呼吸和自然的节律是合拍的。他的学生颜成子游侍立在他旁边问道：“这是怎么一回事啊？形体安定固然可以使他像干枯的树枝，精神和思想难道也可以使它像死灰那样吗？你今天凭几而坐，跟往昔凭几而坐的情景大不一样呢。”子綦就回答说：“偃，你问的真好，今天我摈弃了偏执的自私的自我，你知道吗？你听见过‘人籁’却没有听见过‘地籁’，你即使听见过‘地籁’却没有听见过‘天籁’啊！”（我们现在所说的“天籁”——自然的声音，自然的箫声就是从庄子这里来的。）子游就问：“这‘三籁’竟是怎么回事呢？什么是‘地籁’、‘天籁’、‘人籁’呢？”子綦回答说：“大地发出来的气，叫做风，风不作而已，一发作则万种不同地孔穴都会怒号起来，你们没有听过长风呼啸的声音吗？山林中高下盘回的地方，百围大树上的空穴，有的像鼻子，有的像嘴巴，有的像耳朵，有的像树梁上的方孔，有的像圆环，有的像舂米的舂臼，有的像深池，有的像浅洼。（各种地形，坑坑洼洼的地方都可以发出声音。）这些空穴发出的声音有的像湍急的水流，有的像羽箭射出的声音，有的像叱咤风云的声音，有的像人呼吸的声音，有的像叫喊的声音，有的像哭号的声音，有的像深窟里发出来的声音，有的像哀切感叹的声音，前面的风声，呜呜的唱着，后面的风声，呼呼的和着，小风则相和的声音小，大风则相和的声音大，大风吹过去了，所以有的孔穴都空寂无声，你不见草木还在摇摇曳曳的摆动吗？”子游说：“地籁是众空穴发出来的声音，人籁是竹箫吹出来的声音，请问天籁是什么呢？”子綦说：“天籁就是风吹万种孔穴发出来的各种不同的声音，这种声音之所以千差万别，乃是由于各种孔穴的自然所致，才会有这样的声音啊。”

庄子讲天籁、地籁、人籁，实际上是讲天、地、人，而且人籁不如地籁，地籁不如天籁。所以庄子认为最美妙的音乐是自然的箫声，而不是人为吹奏出来的。也许最伟大的音乐是那种无声的音乐，那种最自然的音乐。

师：过节了，文老师发一则短消息：“青山无墨千年画，流水无弦万古琴；亲友无言一颗心，明月无瑕情永恒！”大家看一看，有没有庄子的影响在里面？

师：下面我们具体总结一下苏轼在黄州悟出来的人生自由的几个关键点：

第一点：木秀于林的悲哀，“才华外露”是做人的一种毛病，这是他从前考虑不及现在又非常后悔的。苏轼终于认识到：二十多年来，自己在官场上过于暴露自己的才华才导致今天的悲剧。苏轼一共经历了五任皇帝，从哲宗开始到神宗，都是非常欣赏有才华之人的皇帝，但是中国的政治环境里面常常会有嫉妒贤人的小人，即使像王安石这样的大家也因为和苏轼政见不同而发生矛盾。虽说苏轼所处的时代是历史上非常尊重文人的时代，但是即使在这样的背景下也不能过于展露自己的才华，苏轼到黄州以后深刻地反省了以前自己在政坛上的行为。为什么后来他如此怀念他的第一任夫人王弗呢？王弗是一个非常冷静、智慧、沉稳的女性，而苏轼的性格容易激动，有时大声说话不注意场合，这是官场之忌，所以王弗就时时提醒他，王弗的死对苏轼来讲是人生一大损失，十年以后他梦见自己的妻子，“小轩窗，正梳妆，相顾无言，唯有泪千行”。充满了悲痛深切怀念的心情。

苏轼后来给一个叫做李端叔的朋友写信时说：“木有瘿，石有晕，犀有通，以取妍于人；皆物之病也。谪居无事，默自观省，回视三十年以来，所为，多其病者。足下所见皆故我，非今我也。”意思是：“我”今天在黄州已脱胎换骨，变成一个新人了，“我”已经不是原来的那个“我”了。这说明苏轼在黄州经过痛苦的反省后，彻底的醒悟了。他要远离官场，远离小人，活在一个自我满足的精神世界里，这是他人生自由的第一大觉醒。

第二点：从痛苦中体验出生命之实相与妙谛，在对大自然的观照中，悟出万物运行变化的奥秘："天人相类，天人相通"的道理。他悟出了这个道理，才有那么达观，当然这也有道士张世昌对他的启发。苏轼很羡慕道士张世昌，他在文章里面写张世昌"泥行露宿，随遇而安"。张世昌满怀才华，会给别人看相（就像现在的算命先生），精通中草药，还是一名画家，一名音乐家，一位道士，苏轼非常钦佩这样的人。

"天人相类，天人相通。"懂得这个道理后，苏轼觉得自己的生命突然解脱了，突破时空的限制，超越主客体的分别，物我两忘在道的境界，达到"化"境！这就是永恒的自由！苏轼终于有了这样的认识：我们何必把自己局限在现实的功名利禄的世界当中，何必把自己局限在官场当中，人应该和宇宙万物同其流。有了这样的哲学思想，苏轼才真正地变得潇洒起来，旷达起来。我们所说的潇洒旷达，那是一种内在精神的觉醒，有的人表面上潇洒，一到关键的时候就不潇洒了，很多人就是这样，面对功名利禄的诱惑，真正能够放下的没有几个人。

第三点：基于上面的新的发现催促了作者内在的觉醒，作者有一个生命格局重建的过程与获得重建的喜悦。（把这句话记下来，这是文老师的独特发现。）苏轼重新审视人生的得失、成败、喜怒、荣辱、毁誉，甚至生死，而最重要的收获是他发现了生命的自由本质，他在给自己立命，给自己的生命重新定调子。

卢梭讲人是生而自由的，但又无往而不在枷锁之中！在什么地方才能获得自由呢？这是一个问题！大家把这个问题永远记着，时时提醒你们重新审视你们自己的生命和方向，只有一个智者才能准确地把握自己的方向，而不至于误入歧途，到晚年时追悔莫及。一个人如何安排自己的人生？如何为自己的人生定向？如何追求自己的人生幸福？这些都是我们需要思考的问题。人生不能糊里糊涂地过，苏轼就是在经历磨难之后，成为一个绝对的清醒者，一个引导后人的楷模。

苏轼把自己放在宇宙大化中重新考虑他的存在价值与意

义！水在流逝，月有盈虚，是变；但是前浪虽去，后浪再来，流水仍在，月也始终没有盈亏，这又是不变，也没有变。而随着水与月的长存无穷，每个曾经伴着长江与明月的生命也一样都会长存，都会无穷。这就是所谓的“则物与我皆无尽也”。

读文至此，我们难道不觉得文章的意蕴是积极的，揭示的人生境界是达观的吗？这是一种觉醒后的豁达、坦然、轻松和自在。有了这种自在，人就能够活得潇洒，无论把“我”贬到哪里，“我”都无所谓，后来苏轼接连又被贬了几次，贬得越来越远，而苏轼的情绪是越来越好，苏轼用他的人生实践来兑现了他在黄州时的发现，这源于他精神上的一次裂变。

师： 下面我们来学苏轼的几首词，这是苏轼在黄州时写的几首词，和他的《赤壁赋》相映成趣。

水调歌头　快哉亭作

苏　轼

落日绣帘卷，亭下水连空。知君为我，新作窗户湿青红。长记平山堂上，欹枕江南烟雨，渺渺没孤鸿。认得醉翁语，山色有无中。

一千顷，都镜净，倒碧峰。忽然浪起，掀舞一叶白头翁。堪笑兰台公子，未解庄生天籁，刚道有雌雄。一点浩然气，千里快哉风。

“渺渺没孤鸿。”苏轼在黄州期间常常用“孤鸿”来自喻，不仅这首词，在很多词中他都用“孤鸿”来比喻自己，我们要重点讲讲“孤鸿”的含义。在这首词就提到了“天籁”，说明苏轼心中始终装着《庄子》，不读《庄子》，怎么能读得懂苏轼呢？此词于公元 1082 年，也就是元丰六年，苏轼被贬到黄州后的第二年作，弟弟苏辙《黄州快哉亭记》：“清河张君梦得，谪居齐安，即其庐之西南为亭，以览观江流之胜，而余兄子瞻名之曰‘快哉’。”这里面用了很多典故，“兰台公子”

是战国时期的辞赋家宋玉，兰台就是我们楚国江陵地区的宫台。

再看《行香子》这首词写得多潇洒：

行　香　子

携手江村，梅雪飘裙。情何限、处处消魂。故人不见，旧曲重闻。向望湖楼，孤山寺，涌金门。

寻常行处，题诗千首，绣罗衫、与拂红尘。别来相忆，知是何人。有湖中月，江边柳，陇头云。

苏轼始终把山水放在自己的心中，在自己的心灵深处给山水天地留一个位置，这样到了灾难临头的时候，也不会沮丧。把文老师下面的两句话记下来：

“有了这样的境界，心灵之树一旦真正复苏，暗淡也会变成辉煌。生命之树一旦真正长大，风雨也会变成掌声。”

苏轼把人生的灾难变成了中国文学史上的辉煌，变成他自我生命中的辉煌，他把人生中的风雨变成了为自己喝彩的掌声，这就是苏轼。

师：下面两首诗一定要背下来，这也是苏轼在黄州写的。

临江仙·夜归临皋

苏　轼

夜饮东坡醒复醉，归来仿佛三更。家童鼻息已雷鸣。敲门都不应，倚杖听江声。

长恨此身非我有，何时忘却营营？夜阑风縠纹平。小舟从此逝，江海寄余生。

这是苏轼晚上散步后的作品，苏轼在黄州时晚上喜欢去散步，他白天睡觉，开始来时几乎天天呼呼大睡，到了晚上就去道观里洗个澡，一个月洗两次，洗了澡后写一篇文章，把洗澡这一普通的生活事件变成一个很有意义的精神性事件，这就是苏轼的伟大。连关于洗澡的文章都非常经典，世界上关于洗澡最好的文章是苏轼写的。(笑)

卜 算 子

(黄州定慧院寓居作)

缺月挂疏桐，漏断人初静。谁见幽人独往来，缥缈孤鸿影。

惊起却回头，有恨无人省。拣尽寒枝不肯栖，寂寞沙洲冷。

“定慧院”是所寺庙，“惊起却回头，有恨无人省。拣尽寒枝不肯栖，寂寞沙洲冷。”“我”一个人孤独、寂寞，没有人能理解。

黄庭坚所说：“语意高妙，似非吃烟火食人语，非胸中有万卷书，笔下无一点尘俗气，孰能至此!”这种高旷洒脱、绝去尘俗的境界，得益于高妙的艺术技巧。作者“以性灵咏物语”，取神题外，意中设境，托物寓人；在对孤鸿和月夜环境背景的描写中，选景叙事均简约凝练，空灵飞动，含蓄蕴藉，生动传神，具有高度的典型性。

李一冰大师评价道：人须有不为而后才能有为，这是一个自由人所必须具有的品格。与一个过度世俗化的人不同，他不追求利禄，不在意世俗的荣辱，他只坚持他的价值观念和精神的自由。忠于自己观念的人，不肯与人苟同，才能“拣尽寒枝不肯栖”。

这就是飘渺孤鸿也，这就是天地之间独一无二的苏轼。连苏东坡的政敌——王安石都这样评论苏轼说：“不知更几百年来方有如此人物也。”——苏轼这个人很了不起，虽然他反对我的变法，但是这个人的才华是几百年以后才会出这么一个人物的。现在看来不是几百年的问题了，是几千年的问题。

宋代的民族英雄谢枋得这样评论苏轼的《赤壁赋》：

潇洒神奇，出尘绝俗，如乘云御风，而立乎九霄之上。

清代的散文家方苞的评论更准确："所见绝无殊者，而文境邈不可攀。"就是说苏轼写的景跟其他人写的景没有什么大的不同，但是文章达到的境界，那种精神气质和境界，一般人是绝对达不到的。

遥想苏轼当年被贬，从开封押解到黄州，正是当下这个时节——元月份到二月份，又是中原地区天寒地冻的时候，苏轼被两个警察押着，一直押到黄州，路途走了一个半月，中间他还不顾自己犯人的身份为一位死后无人操办丧事的朋友去操办丧事，你看看！也许就像今天这样大雪纷飞，文老师情不自禁为他吟诗一首：

咏苏轼被贬

文 勇

恶语片言三江冷，
忍把智慧当逐臣。
至今犹思中原路，
荒凉寂寞到如今。

师：齐读一遍，下课！

整理：文艳艳

历史幽愤的现代回响

——《记念刘和珍君》的再认识（课堂实录）

点评：孙绍振　授课：文勇

◎孙绍振点评：

当前语文教学的潮流是把精力放在如何教上，即如何引导学生进入教师的规定情景，进行对话。但是，文本并未得到深入的理解。王荣生先生指出热衷于如何教，而不知教什么，就成了当前的最大问题。造成这种偏颇的原因是北欧教育思想的教条主义，以为只要把学生主体调动起来，就万事大吉了。在这背后，有一个最大的误解乃是教师水平是足够的，问题只在方法观念。近十年来暴露出来的问题，提醒我们，只有知道教什么，才能确定如何教的途径。老师对文本的深刻的理解，是语文教改成败的关键。而对文本的理解，每深入一步，就要求老师的学识增加一分。在这方面比较清醒，在文本的钻研中提高学养的教师，至今还不是多数。文勇的课堂教学之所以可爱、可喜、可贵，就在于不时有学养和才智的闪光。《记念刘和珍君》，对于当代中学生来说，阅读肯定是有难度的，多媒体的运用并不一定降低其难度。这里，迫切需要的是学问。没有学问，滥用对话，只能在感知的平面上滑行！

文勇在堂课上，显示了他的学养。首先，是还原历史语境，把当时的具体政治历史交代得很清楚，其次是，为当时文化的思想斗争提供了感性材料。这里有陈西滢的言论、赵元任的歌曲、还有鲁迅差不多同时写作的《无花的蔷薇》等。有了这些，就是不用太多对话，学生也不难感觉当时的历史文化语境。

如果满足于这些学问，那还不成为优秀的语文教师。因为光有学问，也可能是僵死的知识，毕竟历史是太遥远了。文勇的才智表现在把学问变成了现场的、感性的、带着自己生命化的体验的语言。把鲁迅先生的文章核心指向归结为“立人”，就缩短了历史的距离。他引用了钱理群的话“鲁迅先生毕生都在干一件事情——使中国人成为真正的人!”他说，请记下：“唯有民魂是值得宝贵的，唯有他发扬起来，中国才有真进步。”这个“民魂”就是民族的精神，民族的性格。这就抓住了本文的思想纲领。

但是思想纲领如果不落实在文本的解读上，仍然是空热闹。

文勇的学问，不但在于提供知识背景，更在于对文本进行了学术性的研究，提出了鲁迅这篇杂文在抒情上的独特之处。这是富于创见的。值得一提的是，他的两个观点，第一，鲁迅这篇文章，把“情感和理性的思考交织在一起，这就获得了一种高度”。还用歌德的话来解释说：“感情愈和理性结合，就愈显高贵。到了极境就出现了诗和哲学。”第二，反复诉说，“欲吐还吞，欲吞不得，吞而复吐”都是很有见地，对学生又是很有启发的。

师：上课！同学们好！

师：今天我们来学习本册教材对大家来讲最难的一课：《记念刘和珍君》。我为什么说这篇课文是本册里面最难的呢？是因为鲁迅先生深沉的情感和他所经历的那些事情的确与我们中学生的生活实际比较远。不是有中学生说嘛：一怕周树人，二怕文言文，三怕写作文！（笑）

师：大家读了鲁迅先生文章中那么经典的句子究竟有多少感觉？

生：有一些感觉，但不是很深入！

师：因此作为语文老师的任务就很艰巨嘛，要把大家引到鲁迅先生的情感世界中去。

文老师给这篇课文定了一个新的题目叫做：历史幽愤的现代回响——《记念刘和珍君》的再认识。

过去我讲过很多遍《记念刘和珍君》，今天重新回顾、反思，觉得以前的理解很肤浅，没有真正进入鲁迅先生的心灵深处，更没有进入历史！这告诉我们读书要有一个过程，今天我们来重新认识这篇课文，觉得它非常的伟大，非常的深沉。

鲁迅先生逝世的时候有人曾用这样一副对联来概括他的历史性贡献，请大家把这副对联记下来！

译书尚未成功，惊闻殒星，中国何人领呐喊。

先生已经作古，痛忆旧雨，文坛从此感彷徨。

“旧雨”是一个文言词，就是老朋友的意思，这副对联非常准确地概括了鲁迅先生作为中国的文化领袖、中国人的精神领袖的历史地位和作为文坛领军人物的意义。还有人这样赞美他：

他用生命的全部光芒，划亮了充塞天地之间的黑暗和寂静。

在他身后，有我们整个民族的血污、苦难、彷徨与觉醒……

他走了，留下了锋芒毕露的匕首和投枪！

他走了，留下了铁骨铮铮的思想和精神！

我们来把这几句诗一般的语句齐诵一遍，“他用生命的全部光芒”，一起读！

生：他用生命的全部光芒……

师：鲁迅先生一生都致力于中国人的觉醒和进步，塑造新的国民精神，用北京大学著名的鲁迅研究专家钱理群教授的话讲：“鲁迅先生毕生都在干一件事情——使中国人成为真正的人！”钱教授概括为“立人”。鲁迅先生有这么一句名言，点明了鲁迅一生关注的核心问题，请记下：“唯有民魂是值得宝贵的，唯有他发扬起来，中国才有真进步。”这个“民魂”就是民族的精神，民族的性格。

一个懦弱的民族是会挨打的，一个没有骨气的民族是猥琐的，是被人瞧不起的。“寄意寒星荃不察，我以我血荐轩辕。”这就是鲁迅。

师：发生在1926年的三一八惨案是在日本帝国主义支持下的段祺瑞执政府屠杀爱国请愿群众的一部血的历史，包括很多青年学生在内的两百多名请愿的群众惨烈地倒在了血泊之中。路，还没有开始便已经走到了尽头；梦，还来不及做便已永远不再醒来。刘和珍，这位年仅22岁的女大学生和鲁迅先生的其他一些学生就这样倒在了反动派的枪弹之下！在惨案发生后的第六天，鲁迅先生写下了这悲愤沉痛的悼念文章——《记念刘和珍君》来谴责邪恶的统治者，警醒国人。

今天我们穿越时空去缅怀那些烈士，领会文章的深意，重点放在体味作者的情感上面，这既是难点也是重点。

师：3月18日，鲁迅称这一天为“民国以来最黑暗的一天”。

事件发生以后著名的作家刘半农和作曲家赵元任作了一首歌：

呜呼三月一十八，北京杀人如乱麻！民贼大试毒辣手，半天黄尘翻血花！晚来城郭啼寒鸦，悲风带雪吹！地流赤血成血洼！死者血中躺！伤者血中爬！

呜呼三月一十八，北京杀人如乱麻！养官本是为卫国！谁知化作豺与蛇！高标廉价卖中华！甘拜异种作爹妈！愿枭其首籍其家！死者今已矣，生者肯放他?!

呜呼三月一十八！北京杀人如乱麻！

师：表达了国人的义愤，说我们的政府“甘拜异种作爹妈”，我们要“枭其首”，要革命。

师：使鲁迅先生尤其气愤的是一些很有影响力的像陈西滢之流，居然说学生“受人利用”,“作了无谓的牺牲”，他们是“暴徒”，是“自蹈死地”等，并把杀人的罪责推到他们所说的“民众领袖”身上，即是刘和珍、杨德群等人，说“民众领袖”“犯了故意引人去死的嫌疑”，“罪孽当然不下于开枪杀人者”。对爱国青年作这样的评价，使鲁迅先生备感沉痛、幽愤，也让鲁迅先生对社会的黑暗有了新的认识！

他怀着满腔的悲愤，当天晚上就写道：“这不是一件事的结束，是一件事的开头。墨写的谎说，绝掩不住血写的事实。血债必须用同物偿还。拖欠得愈久，就要付更大的利息！”

继《无花的蔷薇之二》之后，鲁迅相继写了《死地》和《可惨与可笑》，4 月 1 日又写了《记念刘和珍君》。

师：现在我来把课文范读一下，有些字音要注意一下啊。字词方面的知识我们在预习的时候一定要搞清楚。

（教师范读《记念刘和珍君》全文）。

师：本文的题目叫《记念刘和珍君》，其实鲁迅先生跟刘和珍君的关系并不是十分的紧密。回忆刘和珍其人，其实也不完全都是记叙，其中还掺杂着大量的抒情和议论。

我们先来看看一二两节写的什么呀？

生：反复地讲，“写一点东西的必要了”，“但又只能如此”，“我实在无话可说”，“我只觉得所住的并非人间”，“我早也觉得有写一点东西的必要了”，“我正有写一点东西的必要了”。

师：这讲来讲去，不是啰嗦重复吗？为什么这样讲？这是在强调什么？

好，这位同学你来说一说吧。

生（陈明宇）：我觉得他强调写这个东西来引起人们的注意，使人们觉悟。

师：就是申诉自己写这篇文章的理由，是不是？要引起人们的注意，唤醒这些平庸的人！

对，非常准确。这位同学很有眼光啊，“我”为什么要写这篇文章？反复来申诉这个理由，表达作者优秀的学生被害后沉痛悲愤的心情。

好，请看最后两个小节——六七两节，大家看，六七两节写了什么？

生：（看书）

师：陈倩文，你起来回答一下。

生：第六小节写了作者对刘和珍遇害的一些感悟，一些深思。

师：对，非常准确！好，坐下！回答这就够了。对这个死难者死去的意义的思考以及对徒手的情愿这件事情的看法，也就是惨案的意义。好！我们来研究这里面的几段话。

鲁迅先生说："我早已觉得有写一点东西的必要了"，"我们还在这样的世上活着，我也早觉得有写一点东西的必要了"，"忘却的救主快要降临了吧，我正有写一点东西的必要了"。一方面作者强烈的感觉到实在无话可说，"我只觉得所住的并非人间……艰于呼吸视听"，这个惨案已经把作者击倒了，没有办法说。一个人到了最悲愤的时候他就是无话可说，比如死了亲人，最悲的时候不是他哭的时候，而是眼泪都哭干的时候，是不是？但是，鲁迅先生又转过头来，他又说："我还有写一点东西的必要。"

师：文章在三个地方分别讲了"我有写一点东西的必要"，大家能发现这三个地方特别有所指吗？也就是说"我"写东西还是要写的，"我"为了什么要写？能把这三个点分析下吗？

这个是真正的阅读和理解啊，鲁迅先生的文章对我们来说是一个挑战。

郑一鸣，好，你说。

生：我觉得第一个他说写一点东西的必要，是纪念刘和珍君的事迹；第二个是表明他写这篇文章是为了惊醒世人，第三个是忘却的救世主快要降临了吧，写点东西希望人们来铭记住这件事情所带来的一种教训。

师：好，基本准确。除了第二个有一点问题，第一个，第三个说的非常好！你看看，作者写这句话的旁边分别有不同的句子，"这虽然与死者毫不相干，但在生者却大抵只能如此而已"，这表明作者要写一件东西，是要对死者表示悲哀和尊敬，是要悼念死难的烈士，"我们还在这样的世上活着，有写一点东西的必要"，这个"这样的世界"鲁迅先生在另外的地方是怎么表述的呀？“我只觉得我所住的并非人间”，要把“并非人间”这样一个环境，这样一个旧中国改造成一个新的环境，人文环境都非常好的真正的人间。因此，“我有写一点东西的必要了”。

那么第二个“写一点东西的必要”是什么意思呢？

是要揭露凶残者的嘴脸！让人们看到，我们改造这个世界，改造这个世界的文化，铲除邪恶的重要性，控诉段政府的暴行，抨击文人的阴险论调，揭露凶残者。

“忘却的救主快要降临了吧，我正有写一点东西的必要了。”鲁迅先生常常批评中国人善于忘记历史的教训，称为“特别健忘”。他写的《阿Q正传》里面有一个细节，阿Q去调戏吴妈，挨了一顿打，没过多长时间他又回来，吴妈还在鲁四老爷家里闹，哭哭啼啼的，好多人在劝她，看热闹，他突然忘记了自己对吴妈干了什么事，还说：“好看，他们（指吴妈、赵太爷等人）在干什么？”看见赵太爷轮着杠子要打他，他才发现，原来这件事情与“我”有关，逃跑了，特别地健忘！他干的坏事立马就忘记了，一个没有记忆的民族必然要重复着苦难，一个特别健忘的民族尤其容易重蹈覆辙，一个没有历史记忆的民族必然寡廉鲜耻！你们想想看，鲁迅先生是不是站在一个民族文化的高度说的话？“忘却的救主快要降临了吧”，因此，“我”要写一点东西了。

师：事实上，“三一八”惨案因为鲁迅先生写的这一篇文章，而被历史深深地记住了。中国该发生了多少杀人的事件，多少惨案？没有几个今天还记在我们心灵当中的，被后人记住的，我们给很多学生讲历史上一些杀人的故事，大家都闻所未闻，张献忠杀人如麻，是不是？他的部队，没有粮食，给战士分的什么东西你们知道吗？人腿子！再给每位士兵发盐，就是腌肉的盐，每个士兵身上背着人腿子，想想看，多残酷！这样的历史都被我们忘记了，很多人都忘记，所以这里有写点东西的必要，是干什么啊？实在是有唤醒麻木的国民的必要，要人们来牢记这样的惨案，要唤醒庸人，这篇文章，不同于一般性的纪念文章，它的伟大意义在于三个打通和连接，我后面要专门讲这个问题，一般性的纪念文章达不到这个高度。

师：下面，我们再看一二两节，“中华民国十五年三月二十五日，就是国立北京女子师范大学为十八日在段祺瑞执政府前遇害的刘和珍，杨德群，两君开追悼会的那一天”。鲁迅先生为什么强调这个日子？“中华民国十五年”，为什么要强调这个中华民国呢？现在的问题是，民国的政府会这样枪杀学生吗？学生到政府门口请愿会被活活的打死了，这难道是民国政府应该干的事情吗？所以鲁迅先生特别点这个日子，这个“中华民国”，它的深意呀，大家要理解。

看下面最重要的一句话——“我独在礼堂外徘徊”，有学者认为，这句话是全文的中心句，为什么呢？大家都在那里开追悼会，鲁迅先生按道理是应该去的，或者说最应该去的，但是鲁迅先生为什么“独自在礼堂外徘徊”呀？他说，我不敢进去，我也没有进去，我在感情上实在是受不了。大家有没有参加过丧葬之礼，有时候家里最亲的人死了，最惨的场面是亲人在感情上受不了，别人就只有把他扶走了，特别是去世的人要去火化的时候，是不是？

鲁迅先生说：“我独在礼堂外徘徊。”这句话非常值得大家思考，单独地徘徊，说明鲁迅先生处在什么样的状态里面？

生：悲哀！

师：悲哀！痛苦！处在非常痛苦的状态，这篇文章不是以叙事为主，而是以抒情为主，抒情是这篇文章的核心，叙事只是辅助，那么抒发了什么情呢？悲愤之情，还有“我也早觉得有写一点东西的必要了，这虽然于死者毫不相干，但在生者，却大抵只能如此而已。倘使我能够相信真有所谓‘在天之灵’，那自然可以得到更大的安慰，但是，现在，却只能如此而已”。这里一连用了两个“只能如此而已”，这表达作者什么样的感情呢？

有一种感情叫悲愤，有一种感情叫沉痛，有一种心情叫无奈，“可是我实在无话可说”，“无话可说”，这是悲愤，“独在礼堂外徘徊”是沉痛，“只能如此”是无奈！

“四十多个青年的血洋溢在我的周围，使我艰于呼吸视听，那里还能有什么言语？长歌当哭，是必须在痛定之后的。而此后几个所谓学者文人的阴险的论调，尤使我觉得悲哀。我已经出离愤怒了。我将深味这非人间的浓黑的悲凉。”注意了，鲁迅先生这里用了一个特别的词“浓黑”来修饰“悲凉”，“浓黑”是看得见的，“悲凉”是看不见的，这个地方是不是用错了？实际上，鲁迅先生要用“浓黑”这个形容词来让人感觉到悲凉的广大无边，就像浓黑的夜一样。

“以我的最大哀痛显示于非人间，使它们快意于我的苦痛。”这里用了一个特别的词——它们，这个“它们”一般是用来形容修饰什么的啊？非人的，谁在我的痛苦面前感到快乐了呢？学者、文人、有阴险论调的人，还有什么人呢？那些丧失人性的反动政客，段祺瑞之流以及他们的帮凶走狗——无耻的文人。

“我就将这作为后死者的菲薄的祭品，奉献于逝者的灵前。”“我”实在是无奈呀，痛苦呀，没有办法呀，只好写这么几句话来表达自己的悲哀呀。

下面，“真的猛士，敢于直面惨淡的人生，敢于正视淋漓的鲜血。这是怎样的哀痛者和幸福者？然而造化又常常为庸人设计，以时间的流驶，来洗涤旧迹，仅使留下淡红的血色和微末的悲哀”。鲁迅先生的杂文你们读多了就会发现，他经常把人进行归类，有这种人那种人，后面还有“苟活”的人，这里又出了一个“庸人”，文章第一、二节中，提到了哪几种人？作者对他们的态度分别是什么样的？首先提到的刘和珍君是什么人啊？

生：烈士。

师：烈士，革命者，爱国青年。使作者尤其感到悲哀的，痛苦的是什么人呀？是“所谓的”，“所谓”表否定，一般在名词前面加所谓，在情感色彩上就是否定的意思。“所谓的学者和文人阴险的论调”是对学者文人的否定。“但是”，鲁迅先生这里说了，“造化又常常为庸人设计”，这个世界上，“庸人”是绝大部分，勇敢的革命者，却是少数。这句话说的是什么意思呢？这个老天爷啊，它常常是替庸人在着想的，时间一长，这个血色就会变淡，人们心情也就会慢慢的平淡下来，原先那么激动，那么悲愤，慢慢的就把这件事情给忘了，这几个烈士，这些学生的鲜血就会被人们渐渐地淡忘，所以鲁迅先生用“庸人”这个词，在这里也表达了一种情感，作者是什么样的情感啊？

生：悼念。

师：悼念，怀念，悲痛！对阴险的学者文人是什么态度啊？“尤使我感到悲哀”，愤怒和谴责，对“庸人”呢？“庸人”善于健忘，没过几天他们就把这件事情忘了，大部分民众也不会像鲁迅先生一样感受那么深切，所以对他们的感情，作者是批判。

鲁迅先生在《无花的蔷薇》里就这样写过：

假如这样的青年一杀就完，要知道屠杀者也决不是胜利者。

中国要和爱国者的灭亡一同灭亡。屠杀者虽然因为积有资金，可以比较长久的养育子孙，然而必至的结果是一定要到的。

如果中国还不至于灭亡，则已往的史实示教过我们，将来的事便要大出于屠杀者的意料之外——

这不是一件事的结束，是一件事的开头。

墨写的谎说，决掩不住血写的事实。

血债必须用同物偿还。拖欠的愈久，就要付更大的利息！

这表明了鲁迅先生对社会进步，民众觉醒，社会变革，还是有信心的。

师：看到下面的话，这是很难理解的几段话：“真的猛士，敢于直面惨淡的人生，敢于正视淋漓的鲜血。这是怎样的哀痛者和幸福者?”这个“直面”啊，就是直接面对，“真的猛士”是指有勇气的真正的革命者，“惨淡的人生”是指的在反动的统治者旗下的黑暗现实。“正视”就是正眼看，勇敢面对，不漠视，看了只当没看见叫漠视，“淋漓鲜血”表明在革命过程中付出的牺牲，付出的代价。

“这是怎样的哀痛者和幸福者?”“这”字指代的是谁啊?猛士！猛士“是怎样的哀痛者和幸福者”，这是什么意思呢?“哀痛者和幸福者”是什么意思啊?倪妮，你说说。

师：他们为什么而哀痛呢?说他们是哀痛者，又说他们是幸福者，他们为什么而哀痛啊?像刘和珍这样的学生，她为了什么而哀痛呀?

生：邪恶的旧社会。

师：为邪恶的旧社会而哀痛，这个回答不够准确，请坐！这位同学再说说，他们为什么是哀痛者呢?

生：他们哀痛是由于国家十分混乱黑暗，反动政府的统治下这个社会像是没有出路一般，但是人们还没有觉醒，还很麻木。

师：他们为黑暗的社会而哀痛，是不是啊?忧国忧民而哀痛，是不是?非常准确。为什么又说他们是幸福者呢?说他们是幸福者是什么意思?哪位同学说一说?好，你说！

生：是因为他们看到那些反动统治的黑暗啊，不像那些庸人一样。

师：哦，他们拥有一双犀利的眼睛，看到了这个社会的黑暗，因此他们是幸福者，是不是?

生：是。

师：你有没有感觉到这些革命者，这些勇士，这些真的猛士，他们有一种为社会去付出，去牺牲而感到自豪的心理，有没有?

生：有。

师：同学们，前面我们讲过的秋瑾也是，死的时候31岁，她从日本留学回来，计划与徐锡麟一起发动起义，结果被叛徒告密了，被抓的时候，她说：“革命的同志你们先走。”什么叫幸福者啊?这就是幸福者，他们为社会的进步，民众的利益去牺牲而感到骄傲和幸福!

这些爱国志士，看到社会的黑暗，忧国忧民而哀痛，以为人民谋幸福牺牲自我而感到幸福。鲁迅先生是歌颂他们的，“这是怎样的哀痛者和幸福者?”这是真的猛士，他们是伟大的。刘和珍这样的人是中华民族的脊梁啊，鲁迅先生在《中国人失掉自信力了吗》里面写道：

我们从古以来，就有埋头苦干的人，有拼命硬干的人，有为民请命的人，有舍身求法的人……虽是等于为帝王将相作家谱的所谓“正史”，也往往掩不住他们的光耀，这就是中国的脊梁。

“造化又常常为庸人设计”，也就是说时间一长，猛士的鲜血就会被占国民中大多数的“庸人”忘却了。“在这淡红的血色和微漠的悲哀中，又给人暂得偷生”，人们好死不如赖活着，活得没有骨气，没有尊严就叫“苟活”!“维持这似人非人的世界，我不知道这样的世界何时是一个尽头!”

师：大家有没有听出鲁迅先生的话里面有一种对文化改造的声音了？他觉得这样的世界，无法活下去了。一个真的猛士精神得不到张扬的世界，人活着只能苟且偷生。“我不知道这样的世界何时是一个尽头!”因此，“我有写一点东西的必要了”，“我”写东西干什么？来唤醒麻木、愚昧的国民，来拯救在文化上人们普遍愚昧不觉醒的世界!

好，看第三节。“在四十余被害的青年之中，刘和珍君是我的学生。学生云者，我向来这样想，这样说，现在却觉得有些踌躇了，我应该对她奉献我的悲哀与尊敬。她不是‘苟活到现在的我’的学生，是为了中国而死的中国的青年。”请注意，鲁迅先生在这里用了两个定语，“为中国而死的”、“中国的”，说明刘和珍这些意气昂扬的中国青年才是真正代表中国，而鲁迅先生在这个地方特别的说了“她不是‘苟活到现在的我’的学生”，他非常勇于解剖和批评自己，他说自己是什么？

生：苟活。

师：什么是“苟活”呀？苟且偷生。“苟”就是随便、随意的意思。逆来顺受，不敢反抗，就叫“苟活”。现在有很多人也是苟活，对不正当、邪恶的东西不敢提出批评，对愚昧无知的行为不敢表示自己的意见，这都叫苟活。

下面我们来看一看，鲁迅先生心目中的刘和珍君究竟是一个什么样的人？能够跟这个广有羽翼的校长杨荫榆来做对，她应该是一个什么样的人啊？应该是有一些桀骜锋利的，但是真正见到刘和珍以后啊，“我”发现怎么样？刘和珍给“我”的印象，作者用了什么词来形容？

生：温和的。

师：始终微笑着，态度很温和。等到这几个学生被开除了，我再给她们赁屋授课的时候，又发现她怎么了？始终微笑着，态度很温和。等到“教职工陆续引退的时候，我才见她虑及母校前途，黯然至于泣下”。这里所提及的刘和珍实际上只是一个很简单的印象，这个学生跟鲁迅交往的不多，没什么很多具体的接触，但对她的印象却很深刻，这个学生怎么样啊？始终微笑着，态度很温和。为什么要反复强调她微笑着，态度很温和呢？鲁迅先生心目中的这个始终微笑着，态度很温和的学生应该不是段祺瑞政府说的“暴徒”吧？！

有一些屠杀是必须冠以一些名号的，否则怎么能杀死那么多呢？

大家知道，“二战”期间，德国纳粹屠杀了近六百万犹太人，希特勒于 1935 年 9 月通过了一个所谓的“纽伦堡法案”之后，犹太民族从此因血统不正被隔离开来。在纳粹党的统治下，犹太民族到底遭受怎样的迫害与屈辱大家知道吗？通过法律的形式，在全德国宣传犹太人是他们的敌人，是劣等民族，应该干掉。所以我们看电影《辛德勒的名单》中有个军官早晨起来漱口之前，他拿着枪对操场里面的犹太人，打死几个再去漱口，他把杀人当作一件很好玩的事情，没有任何的羞愧感和负罪感，为什么？他们把这种暴行冠于一个特殊的名号（即法律形式予以保护其暴行的合理性），对不对呀？我们马上要讲《奥斯威辛没有新闻》这篇经典的新闻。这个文章，大家先去查一下关于奥斯威辛的资料。

就是这么一个善良的、优秀的学生，居然被反动政府枪杀了。还冠以“暴徒”、“土匪”这样的名号。这样的政府是什么样的政府啊？鲁迅先生这样写他的深意何在呀？在一个邪恶的社会里面，善良被摧残，无辜的人被杀害，进步的人被杀害，这正是鲁迅先生揭示的社会黑暗的实质！

最重要的一段：“惨象，已使我目不忍视了；流言，尤使我耳不忍闻。我还有什么话可说呢？我懂得衰亡民族之所以默无声息的缘由了。沉默呵，沉默呵！不在沉默中爆发，就在沉默中灭亡。”要理解这段话，是比较困难的。下面我们来具体研究一下，这里面有一个程度上的递进。注意，看红色的字（以上两句话显示在幻灯片上，其中“已”和“尤”两字加粗加红）。

这里“已”和“尤”用得特别好，鲁迅先生特别善于用虚词，文言文功底好的人虚词用得特别好。我还有什么话可说呢？惨象加流言，已经使我艰于呼吸视听，我简直就没有办法了，表达了作者强烈的愤怒，悲愤啊！这个“衰亡民族”是鲁迅先生的愤极之词，不能认为鲁迅先生认为中国就绝对没有希望了啊，老师有时候批评学生说，“你这个不争气的！”有时候甚至带点骂，骂的那种口吻来说这种话，但老师并不是要表达对学生的绝望，而是对他的一种期望，一种恨铁不成钢的忧愤，是不是？这就是典型的情感性的语言。所以，“衰亡民族”指的是谁呢？指的就是中国。哎呀，像中国这样一个国家，默无声息的原因在哪里啊？像这样残杀学生的事情发生了，都没有人出来主持正义啊，“我”（指鲁迅先生）简直受不了了。这绝对是非人的世界。

“默无声息的缘由”，这个“默无声息的缘由”是值得我们探讨的。

大家注意在一个专制统治非常严酷的社会，用鲁迅先生的一个比喻来讲，叫“密封的比罐头还严”，不准老百姓讲话，所以老百姓害怕。你们看汪曾祺先生写的《胡同文化》里面讲，北京的老百姓对于闹学潮的学生游行是很漠然的，还起了个专业的名字——“过学生”。什么叫“过学生”呢？搞两天就过去了，看他们去游行游吧，明天后天就走了，很麻木！鲁迅先生痛恨的就是这种麻木，而统治阶级，专制统治者他们的手段却往往是非常奏效的。这是什么手段呢？屠刀加钳口术，不准讲话，不准发表正义的声音，说了，就杀掉！那你们想想，在鲁迅先生那个政治封锁的时代，还能发表这样的文章呢？还创办私人报纸杂志呢！这需要多大的勇气和力量啊！那个新文化运动时期有很大一部分爱国文化人都办起报纸杂志，后面我们要讲到的梁启超，他也是这方面最优秀的代表人物，进步人士受他影响非常大的！

这就是“默无声息”，把这个民族整的“默无声息”，敢怒不敢言，我刚刚要同学们自学了《召公谏厉王弭谤》，周厉王，用的就是什么方法？周厉王用的就是钳口术，老百姓只敢“道路以目”，结果他最后也“三年流于彘”。所以鲁迅先生是反对沉默的，最后两句，既是一种感叹也是一种呼唤，也是一种警告！沉默，怎么能像这样沉默下去呢？

“不在沉默中爆发，就在沉默中灭亡。”沉默到极点就怎么样啊？爆发！所以这是警告与呼唤！表达了鲁迅先生渴望这个民族应该有一点英勇精神，有一点血性，起来战斗，这样的政府我们还能忍受得了吗？一些人在街上无缘无故去杀人，连13岁的学生都被杀掉了。所以，《庄子》里面有句经典的话，“窃钩者诛，窃国者为诸侯”，偷了衣钩子的人，把他砍掉，把国家都偷了，反而成了王，反动统治者就是最大的强盗。谭嗣同在《仁学》里讲：“中国两千年来之政，秦政，大盗也!”

鲁迅先生曾经在《革命时代的文学》这篇文章里面这样写道：“有些民族因为叫苦无用，连苦也不叫了，他们便成为沉默的民族，渐渐更加衰退下来去。至于富有反抗性的民族，因为叫苦无用，它便觉悟起来，由哀音变为怒吼。”把这段文字记下来，特别经典！

这里鲁迅先生是主张沉默还是主张怒吼？

生：怒吼！！

师：显然是主张唤醒民众，使他们觉悟起来，由哀音变为怒吼的。

师：好，下面我们来总结这篇文章在抒情方面的重要特点。这篇文章的核心就是抒情。鲁迅先生在这里抒情的方式是非常具有独特性的，这是一般人所看不见的。所以今天我要重点讲的就是这篇文章在抒情方面的特点。

师：首先，请大家看这段文章，在文章中作者有没有把自己摆在老师的位置上？

生：没有。

师：他勇于解剖自己，对于逝者表示出极大的尊重。对于纪念他没有浮泛更没有旁观，而是用他的心和情，悲愤和挚爱去深味惨案前前后后的更多、更深广的内容。他的思想和情感渗入其中，他用他所能感受到的行诸笔墨，让人看到真正思想者的心灵的苦痛与挣扎的具体情状。

第一，表现了一个真实感人的自我形象。作者控诉凶残，纪念死者，并不停留在就事论事上面，而是把这种情感和理性的思考交织在一起，这就获得了一种高度。哲学家认为这样就获得了无限的诗性。什么叫“无限的诗性”呢？我们用歌德的话来解释一下，他说：“感情愈和理性结合，就愈显高贵。到了极境就出现了诗和哲学。”这篇文章使我们感觉到鲁迅先生不是在纯粹地发泄自己的感情，而是将这种感情和深广的理性思考结合在一起，因此，获得了高贵的品格，叫做“无限的诗性”。一个泼妇也会释放感情，她在街上骂街，把地上踹个坑，这也叫抒发感情，但是它不叫诗，为什么？它缺乏一个致命的东西——和理性的结合。什么叫理性啊？就是对这个事情的原因、性质、特点、远景、价值的判断，这样的思考，那就叫理性。

这就使鲁迅先生的这篇文章在行文上有了一个突出的特点：一个真正思想者真诚地袒露着他的思想。他讲了很多话，其实，都是重复的，但是，我们读的时候并不觉得是在重复，是不是？而是觉得他是在真实地袒露自己的内心。鲁迅先生小说《祝福》里面的祥林嫂，她的儿子阿毛被狼叼走了，她最后变得有些疯了，反复地向人讲："我真傻，真的，我真傻，真的。"一个被生活整得死去活来的人反复重复着一句话，但是我们不嘲笑她，觉得她怎么样啊？她是在重复，她是在抒情。对不对？鲁迅研究专家王献永在《鲁迅杂文艺术论》中这样说："他直抒胸臆，将自己的满腔悲痛义愤用烈火般的岩石喷射出来，形成诗意汹涌的感情波涛，并结情为理，化为深刻的哲理韵味和汪洋恣肆的风格，他指着反动派的鼻子怒斥：'中外的杀人者居然昂起头来，不知个个脸上有血污……'"这是本文抒情上的一个最大特点。

师：我们发现这篇文章行文上有一个重大的特点，就是什么？

生：反复诉说！

师：聪明！！有学者概括为"欲吐还吞，欲吞不得，吞而复吐"，我觉得很深刻！你看："我也早觉得有写一点东西的必要了，这虽然于死者毫不相干，但在生者，却大抵只能如此而已。""可是，我实在无话可说。""忘却的救主快要降临了罢，我正有写一点东西的必要了。""我还有什么可说呢？我懂得衰亡民族之所以默无声息的缘由了。""但是，我还有要说的话"，"呜呼，我说不出话，但以此记念刘和珍君！"

鲁迅先生反复地讲，"我要写点东西"，"我有话要说"，"但是没有话说，无话可说"，"但是，我还有要说的话"。这是个什么逻辑？是不是觉得有点像疯子一样？为什么鲁迅在这个地方会表现出这样一个特点呢？下面，我们把视角延伸到鲁迅先生那个时期正在研究的魏晋文人的身上。我发现鲁迅既发现了魏晋时代环境与文人的内在觉醒之间的深刻矛盾，同时也发现了历史的幽愤在今天仍然在延续！所以鲁迅先生在情感与气质上都与魏晋文人有几分相似！

就是在同年的4月26日鲁迅在厦门大学作了一个著名的演讲，讲的就是《魏晋风度及文章与药以及酒之关系》。这是篇非常著名的文章，大家可以看一下，魏晋时代非常值得研究，下面我们来举个例子，来研究一下魏晋时代的文人以及他们内心的痛苦。

有没有同学知道“竹林七贤”？“竹林七贤”最优秀的诗人是谁啊？

生：阮籍！

师：优秀，知道阮籍！现在我们就来透彻地了解阮籍其人，并读他的一首诗。史书上说：“阮籍，本有济世志。属魏、晋之际，天下多故，由是不与世事，遂酣饮为常。”这个“故”是变故。大家知道，三国以来一直战乱不堪，董卓之乱、司马氏篡位之乱，天下名士少有全者，这个读书人，真正有名气的读书人没有哪一个能够活到自然天年，基本上都是被砍掉的。中国这个环境，尤其在动乱的时代是相当糟糕的，庄子就讲，我生活的这个时代最大的幸运是什么？四个字——“免于刑焉”。（此四字板书在黑板上）不要被别人砍了！大家知道庄子生活的那个国家，宋康王，非常残暴无道，而且统治了52年，52年对庄子来讲是整个人生啊，庄子82岁时，宋康王才死掉，82岁以后还能干什么？魏晋时代的文人所处的这个时代也就是这么凶险！

而阮籍是个非常有才华的人，可惜呀！不能与时代合拍，为什么？他内心里觉得自我的尊严最重要，人的自由最重要，他平生最反对的就是违心的去巴结奉迎别人，他非常率直率真，所以他不能参与世事，于是他想了一个绝妙的办法——喝酒来麻醉自己，酣饮为常。这是晋书《晋书·阮籍传》记载的：“文帝为武帝求婚于籍”，阮籍虽在政治上与司马氏政见不同，但他处世十分谨慎。当司马昭为司马炎向阮籍提亲求婚时，阮籍当然不能同意这样的亲事，但直言拒绝又容易招来祸害。于是，阮籍便大醉六十天，使司马昭一直没有开口的机会，终于作罢。上门来提亲的人连跟他讲话的机会都没有，

“不得言而止”。

但阮籍内心的痛苦却是无法排遣的，王勃的《滕王阁序》里面有一句名言：岂效穷途之哭！那个典故就来自于这里，他无法排遣心中的苦闷，有时候率意独驾，一个人驾着一辆马车，不由径路，不知道往哪里走，也不管往哪里走，拼命地跑，跑到车迹所穷的位置，在那里大哭一场然后回家，这叫“穷途而返”。表达他内心痛苦到极致，但是又没有办法表达的情状。下面我们来读一下阮籍的这首《咏怀诗》，阮籍给后人留下了87首诗，其中有82首是写自己痛苦无奈的心态的。

夜中不能寐，起坐弹鸣琴。
薄帷鉴明月，清风吹我襟。
孤鸿号外野，翔鸟鸣北林。
徘徊将何见，忧思独伤心。

字面意思不难理解，我们把它齐读一遍。“夜中不能寐”，一起读！

师：一个人不能摆出一副与内心两样的价值去伪装自己，去教训别人，应当喜怒哀乐，尽其所欲。如果是这样一个文人，夹在政治漩涡当中，既想保全自己的个性，不想违背自己的良心，又不愿被人杀害，这是多么困难的一件事情!! 所以，阮籍有时候说自己“战战兢兢，如临深渊，如履薄冰”。这就是他当时的心态。他常常是“夜阑酒醒，难去忧畏，逶迤伴食，内惭神明”。耿介与求生矛盾，旷达与良知互争，悲凉郁结，莫可告喻。对天咄咄，发为诗文，这就是他痛苦的深沉状态。

而鲁迅先生呢？他是对魏晋的文人的人格觉醒的最早发展者之一。因此，鲁迅先生和他们的气质有几分相似。鲁迅先生另外一篇文章《为了忘却的纪念》，写5个青年的革命作家被国民党秘密枪毙于上海龙华警备司令部。鲁迅先生在那篇文章里面也举了魏晋名士向秀的例子，年轻的时候读了向秀的

《思旧赋》，不知道他为什么刚刚开头便刹了尾，鲁迅先生说，我现在终于明白了，魏晋的文人是不敢讲，是不能讲啊。这种苦闷尤使有鲁迅先生这样的体验的人所深味呀！所以我们发现鲁迅先生的这种忧愤的情感和历史是有某种内在联系的。

师： 第三，这篇文章在抒情上的可贵，就在于把现实的悲剧与民族的命运连在一起，把勇士的牺牲与国民的觉醒连在一起，把眼前的哀悼与严肃的思考连在一起！三个连在一起，是鲁迅先生这篇文章很伟大的地方。这也是文老师最近才总结出来的。

为什么伟大呢？我们看了很多回忆纪念文章，都是从“我”和“他”两个私人的角度来写的，如“我”纪念“我”死去的爷爷，“我”爷爷多么关心我，可是没有上升到一个国家、一个民族、一个文化进步的高度，所以说这“三个连接”很了不起，这就是鲁迅文章的高度。鲁迅的视野和眼光远远不局限于一个局部，一个个体，而着眼于整个中华民族，他将考虑的问题上升到中华民族的高度，因此他在用词上面就特别强调了“她不是‘苟活到现在的我’的学生，而是为中国而死的中国的青年”。《离骚》之所以伟大而成为文学的经典，成为民族精神的一部分在于表现了屈原天上人间，上下求索，思之所至，悲戚啼苦，时断时续，天上地下，旷怨求索，一唱三叹。

文老师写了一首诗来表述独特的“鲁迅式的哀痛”：

淋漓鲜血眼前过，
呼吸艰难可奈何。
枯蕉无泪残荷哀，
秋坟夜雨鬼唱歌。

这里的“鬼”是指冤死鬼，是怨鬼，有怨气的鬼。这是鲁迅先生独特的哀痛，是“三个连接”的哀痛，不是一般的哀痛。最后文老师还写了一副对联来概括鲁迅先生写作本文的意义，请记下来：

热血为证　励奋勇激庸常望我同胞开慧眼

长歌当哭　诉卑劣斥凶残砥吾家邦进文明

我替鲁迅先生总结了这一篇文章的中心思想，“我的同胞们啦，快快醒来吧！我的家邦，吾国吾家兮，进入文明社会吧，不要再这么野蛮了”。

师：齐读一遍！

师：下课！

整理：文艳艳

人性的绞索与祥林嫂的死

——《祝福》与《绳子》的比较阅读（课堂实录）

点评：孙绍振　授课：文勇

◎孙绍振点评：

文勇的这堂课有许多亮点，我只能拣其中比较突出的点到为止。

首先他对《祝福》有深刻的研究，不像某些教参那样，把祥林嫂的死仅仅归结为封建势力。而是尖锐地指出，祥林嫂之被虐杀是没有刽子手的，是被一种看不见、摸不着的观念，一种传统观念杀死的。这种观念，并不仅仅存在于鲁四老爷头脑里，而是存在于鲁镇所有人的思想深处，寡妇有罪，歧视有理，是天经地义的准则。文勇特别聪明的地方是，引用了丁玲的话“祥林嫂是非死不行的，同情她的人，冷酷的人，自私的人是一样把她往死里赶！”从这个意义上揭示了祥林嫂悲剧的人性根源！好人，坏人，都一样歧视，一样打击祥林嫂。“祥林嫂就是在歧视与冷漠中一步一步被逼上绝路的。”他分析最深刻的地方是，鲁镇人对阿毛的故事的态度的种种变化：从同情到讨厌到嘲讽。他提醒学生注意“鄙薄”、“嘲笑”、“调笑”这些关键词！人们自己生活得并不幸福，却能将祥林嫂的悲哀“咀嚼赏鉴”成为她们空虚生活中的无穷的乐趣！他特别分析了祥林嫂捐了门槛以后，鲁四奶奶仍不让祥林嫂端福礼，说了一句很礼貌的话，祥林嫂“你放着吧，我来拿”。他分析说，这本来，不无礼貌，祥林嫂不是可以趁机休息休息吗?！但是却导致了祥林嫂的死亡。这就是鲁迅的笔力最深刻之处。因为祥林嫂自己也把这种封建礼教观念视为天条，这就导致了她的精神崩溃，一下子变得“很胆怯，不独怕暗夜，怕黑影，即使看见人，虽是自己的主人，也总惴惴的，有如在白天出穴游行的小鼠……”他这样是准确地抓住了《祝福》的要害，可以毫不夸张地说，这样的分析比之一些学者洋洋洒洒写上几千字的论文还要到位！

师：上课！

师：上节课我们用古代章回小说的语言对《祝福》的情节进行了概括，请大家齐读一遍！

一、鲁镇四老爷祝福，雪夜祥林嫂惨死！

二、穷寡妇打工、祥林嫂初到鲁镇，
恶婆子抢人、苦命人又遭厄运！

三、被逼改嫁、祥林嫂又到新家，
死守旧礼、贞节女哭闹花堂！

四、夫死子亡、祥林嫂再回鲁镇，
你嘲我讽、受辱者沦落街头！

五、悲兮惨兮、死去的悄然死去，
沉兮醉兮、祝福的依然祝福！

师：很好！今天我们来探讨祥林嫂的死究竟该谁负责的问题，我们要通过比较阅读来深入探讨这个问题！

师：先请看祥林嫂死后鲁四老爷震怒、咒骂的一段文字：“只有四叔且走而且高声的说：不早不迟，‘偏偏要在这个时候，——这就可见是一个谬种！’……”

师：鲁四老爷为什么要对一个对他家有贡献的且死去了的无辜人士发脾气呢？

生：因为祥林嫂不吉利！

师：为什么不吉利？

生：因为祥林嫂死的时间不对！还有祥林嫂嫁过两个男人！

师：对！但是大家想想一个人的死亡时间是可以主动选择的吗？当

然那些自杀者除外啊！在鲁四老爷看来祥林嫂的存在本身已经构成一种错误！是吗？不然为什么死了还要挨骂呢？我经常跟你们讲，要用文化的眼光来研究作品，有了文化的眼光你就会发现一个文化的实质有时候就表现在：允许某些人有生存空间，活得如鱼得水！而同时它又会无情的毁掉某些人的生存空间！我发现祥林嫂的命运还真是特别的悲惨，她在这样一个文化空间里面是没有生存空间的！她作为一般具有生命意义的个体是悲惨的，另外还特别表现在她的每一个生命阶段都是多难多劫，在劫难逃的。她的一生难逃一般个体生命的悲剧结局，她的每一个生命阶段，又都是浸泡在苦水当中，真是充满了人生的悲苦。

师： 当初死了男人是她的错吗？后来又死了男人还是她的错吗？

生： 都不是！

师： 为什么不是她的错，而她要来承担被歧视受侮辱的命运呢？这就是文化杀人的悲剧！正是这种祥林嫂无法自我主宰的被侮辱与被损害的命运使得祥林嫂成为一个悲剧的典型。美国著名学者苏珊·朗格在《情感与形式》中，把悲剧看作一种节奏形式，这种节奏形式反映了个体生命、生活的基本结构，“表现了自我完结的生命力节奏”。她说：“与简单新陈代谢不同，个体生命在走向死亡的途程中，具有一系列不可逆转的阶段，即生长、成熟、衰落。这就是悲剧节奏。”悲剧之所以撼动每一个人的心，就是因为“每一个人的个体生命中都潜藏着这种节奏”。任何生命都会走向死亡，而个体对于这一过程都无法把握，没有任何一个人可以“走后门”不死。每个有自主意识的人，都能感应悲剧，都有悲哀。大家想想祥林嫂是不是特别不能把握自己的命运，在她生命的每一个关口都异常艰难而无法承受？她是不是在被动的不由自主的一步步走向死亡？死了都还不行，还要挨骂！这就是祥林嫂！

师： 从民族文化反省的角度阅读作品，我们深深感到封建的思想、伦理道德，对人性的摧残是无以复加的。鲁四老爷在这里就是集中代表！从某种意义上说，祥林嫂的悲剧是生来就注定了的！祥林嫂一出世，就有“三从四德”、“贞妇”、“节烈”的绳索桎梏等着她了。这个社会，既不崇尚生命的平等，又不崇尚生命的自然和自由，更不容许女性有女性的快乐和幸福。祥林嫂这个生命降生在那个时代，降生在那个社会，不就注定了她生活着的卑贱和艰难吗？

师：还有，我们今天还要讨论另外的一个更深层次的重要问题，一个超越时代、阶级甚至是文化的问题——人性的邪恶！

祥林嫂死后那个短工的反应怎样？鲁迅先生特地用了一个词来形容他的表情，是哪一个？

生：她淡然的回答！是“淡然”。

师：准确！短工的命运跟祥林嫂有某种程度的相似，应该算“一个战壕里的战友”，属于同一个“阶级”，但反应为什么也这么冷漠？你看：“什么时候死的？——昨天夜里，或者是今天罢。——我说不清。”“怎么死的？”“怎么死的？——还不是穷死的？”

生：于他自己无关，所以他很麻木、冷漠。

师：说得好，你们觉得短工也好、鲁四老爷也好，他们的冷漠与麻木是一个正常人应有的反应吗？他们为什么在祥林嫂面前变得集体冷漠与残酷？谁能思考出这其中的深层原因？

生：我觉得与人的残酷有关！

师：说得好，继续说，怎么个残酷法？

生：我觉得祥林嫂周围的人都对她很残酷，她的婆婆甚至包括柳妈！

师：很好，正是周围人的集体残酷杀害了善良无辜的祥林嫂！我们的统治者不是满嘴仁义道德的呢？为什么到了实际生活中又满本都写着“吃人”两个字呢！鲁迅先生曾在《忽然想到·五》这篇文章里说：“约翰·弥耳说：专制使人们变成冷嘲。我们却天下太平，连冷嘲也没有。我想：暴君的专制使人们变成冷嘲，愚民的专制使人们变成死相。大家渐渐死下去，而自己反以为卫道有效，这才渐近于正经的活人。”可见鲁迅先生看出了专制文化的反人性性质！我刚才讲人性的问题实际上不是孤立的，说它超越文化说不定有问题，它与文化极可能是互渗、互动的关系！一个邪恶的文化可以强化人性中的恶毒部分，一个优秀的文化可以强化人性中的善良的部分！我们封建时代高唱的那套仁义道德实际上是高度的反道德反人性的！一切违背人性的礼仪、道理、力量，都是造成我们人生悲剧的根源，都是人类发展、进步的敌人。

师：看后面的文字，祥林嫂改嫁后好日子不长，没过几天，夫死子亡，又只好重回鲁镇，于是又站在鲁四老爷的面前了，请一位同学将“大家仍然叫她祥林嫂”以下四段读一下！

生：大家仍然叫她祥林嫂。……

师：这里特别写道“四叔虽然照例皱过眉”、“这种人虽然似乎很可怜，但是败坏风俗的……不干不净，祖宗是不吃的。”这些话对祥林嫂的生活将产生什么影响？

生：影响很大，就是四婶不让祥林嫂去碰祭祀的祭品了。

师：不让祥林嫂去碰祭祀的祭品了，不是蛮好的吗？可以休息休息！

生：不是，“祥林嫂，你放着吧！我来拿”。就是觉得她拿了祖宗就不吃了，觉得她晦气！

师：对，是歧视她！祥林嫂因为死了两个男人而被看成是不吉利的克星，她受到了严重的人生歧视！别小看这个歧视，它是致命的伤害之一！祥林嫂就是在歧视与冷漠中一步一步被逼上绝路的。

师：构成祥林嫂死的威胁的因素还有很多，其中你们看看与鲁镇的那些看客有没有关系？当祥林嫂备受生活的打击，神情麻木痴呆地出现在人们面前，反复的无目的地诉说她的悲惨故事的时候，人们的反应有一个怎样的变化过程？

生：当初还是很同情她，抹眼泪，叹息一番！

师：但是后来呢？

生：后来就很厌烦她，讨厌她！

师：还不只是讨厌，最后变成什么了？祥林嫂的泪已哭干，而人们还没等她开口说话，已经帮她讲起来了：“是的，你是单知道雪天……”男人“往往敛起笑容，没趣的走了开去”，而“女人们却不独宽恕了她似的，脸上立刻改换了鄙薄的神气，还要陪出许多眼泪来”。由同情变成了嘲笑！柳妈更是直接的调笑，讽刺她：“祥林嫂，你又来了！”“祥林嫂，我问你：你那时怎么竟肯了？”……

请注意“鄙薄”、“嘲笑”、“调笑”这些关键词！发现没有？这群女人有一种奇特的功能，她们极会营造快乐，她们甚至能将祥林嫂的悲哀“咀嚼赏鉴”成为她们空虚生活中的无穷的乐趣！今天我们的周围还有没有这样的人？

生： 有！（声音很大）

师： 大家想想，这些看似无关祥林嫂利害的人物的话语对祥林嫂的死有着怎么样的直接影响？

生： 加剧了祥林嫂的恐惧感！

师： 对！鲁迅先生怎么描写的？说她“很胆怯，不独怕暗夜，怕黑影，即使看见人，虽是自己的主人，也总惴惴的，有如在白天出穴游行的小鼠……”

祥林嫂就是在这种极度恐惧、绝望与悲哀中死去的！是谁制造了这样的环境呢？她周围的同类人、与她命运差不多的弱者，这些麻木冷漠的民众共同构成了一个“无主名的杀人团”，共同吃掉了祥林嫂这个善良的灵魂！《祝福》中刻画了一大群在“奴隶时代”以“奴隶规则”生活着的人：如高高在上、道貌岸然如“四叔”般的卫道士；地位低微、身受其毒而不觉悟，“五十步笑百步”的如“柳妈”般的可怜虫；一样浑浑噩噩、空虚无聊、以咀嚼别人痛苦来满足自己猎奇心理的无数“男人”和“女人”；凶残无情的“婆婆”和“大伯”等。他们有着“狼”一般的凶性，纷纷地把祥林嫂往死路上赶。而让人更触目惊心的是，在这一大群人中，甚至还有一群不谙世事、懵懂无知却笼罩在大人眼光中的“吃惊”的小孩。小说虽然对于孩子的笔墨不多，仅在人们对祥林嫂“阿毛的故事”开始失去兴趣的时候这样写道，“孩子看见她的眼光就吃惊，牵着母亲的衣襟催她走”，但是惊鸿一瞥的语句，却为文章平添了不少的悲剧色彩。

师：这个无聊冷漠的人群中最典型的又对祥林嫂伤害最大的人是谁呢？

生：柳妈！

师：对，柳妈应该“当仁不让”。她，是“善女人”，“吃素，不杀生”，与人为善。但是她对待祥林嫂，却丝毫不像对待其他生命那样富有同情心。对祥林嫂的再嫁，柳妈很不以为然，认为祥林嫂不如“索性撞一个死”，“就好了”。在她眼里，生命和贞节无论如何都不可能相提并论。她还把祥林嫂的谈话传扬开去，供他人谈笑赏玩。最后，还是这个柳妈，以她的“阴司”故事，把祥林嫂推向了恐怖的深渊，在谈笑之间，这个“善女人”掐灭了祥林嫂最后一线生存的希望，斩断了她最后一丝生机。

另外还要提一下的是柳妈对祥林嫂的致命伤害都是打着爱护她的幌子进行的！就像今天我们绝大多数老师对学生的伤害，医生对病人的伤害一样！这种邪恶更隐蔽，难以被人识破！它具有巨大的欺骗性！

这里我们尤其要看到鲁迅先生的高度在于不仅仅只是强烈的批判了封建礼教、封建道德，鲁迅更深刻的地方在于：他使我们看清了哪怕是我们身上也存在的人性的固有劣根性，那就是幸灾乐祸的残酷本性！

说到人性的恶，我要给大家讲讲爱因斯坦，他早已被我们定位为“充满人道主义、仁慈善良、具有责任感、热爱和平、充满灵感、纯粹、无可指责的学者典范”，可是我们不敢去正视爱因斯坦身上也存在着人的某些弱点。他的大儿子汉斯·艾伯特说他是“一个学识上洞察秋毫、情感上目光短浅的寻常男人，他死后还留下一大堆乱七八糟的事情。”据艾伯特透露，爱因斯坦苛刻对待前妻，干涉二儿子埃德杜的事业，使之精神分裂，在电击疗法的手术下成了一个痴呆的人等。

所以我说《祝福》是抵达人性深层的整体性人生寓言！是超越时代、超越国界的伟大作品！丁玲讲：“祥林嫂是非死不行的，同情她的人，冷酷的人，自私的人是一样把她往死里赶！”正是从这个意义上揭示了祥林嫂悲剧的人性根源！

2004年我曾经与著名文艺理论家孙绍振教授讨论过祥林嫂的悲剧问题，12月7日孙教授在给我的回信中说道：“祥林嫂悲剧的关键，这是一个没有凶手的悲剧。是一种观念、一种荒谬的成见杀死了她，最可悲的是，她自己也接受这种成见，这加速了她的死亡。”孙教授指出了祥林嫂悲剧的另一个性质！即命运是从内外两个方向来摧残她的生命的，既给予她无情而残酷的打击，又使她陷入“自己有罪”的苛责当中。与西方悲剧俄底浦斯的死比较一下，她不是一种对痛苦的解脱，显示了人性反抗命运的悲壮。而祥林嫂的死，既没有摆脱人生的痛苦，又没有肯定反抗命运的积极意义，即她的反抗没有表现出人性的伟大和悲壮。祥林嫂反抗的目的不是弘扬人性的伟大，而是遵从了对人性倍加摧残的、与人性相对立的那种邪恶的势力——封建的伦理、道德。正是具有这样的特征，祥林嫂的悲剧，更引我们深思、反省！

观念、成见、人性的恶毒再加上祥林嫂式的认同构成了祥林嫂人生无法逾越的鸿沟，强迫她快速走进死亡！

师：胡适说过：“世界上最强有力的人就是那个最孤独的人。”大家看鲁迅先生是不是一个孤独的发现者？米兰·昆德拉说：“小说研究的不是现实，而是存在。”鲁迅的伟大也许就在于给我们揭示了我们赖以存在的环境的惊人的秘密！

师：下面我们来研究另一位伟大作家的伟大作品，莫泊桑的《绳子》（见后面附录）。作家叶文玲说：“它篇幅虽短，却是难以一眼道尽的鸿篇巨制，是令我永难忘怀的佳构。是无与伦比的小说极品！”

课下我们已经预习了这篇经典作品，请一位同学来谈一谈初读后的印象。

生：我觉得奥什科纳老爹死得很冤！

师：说得很好，奥什科纳老爹的死与祥林嫂的死有几分相似，所以我们还要比较研究一番！

奥什科纳老爹是因为什么大事而导致丢掉性命的？

生：不是什么大事，而是在地上捡了一根绳子而被人误解、猜疑最后郁闷而死的！

师：说得好，这是一出平常日子中的平常事件导致的悲剧，主人公被绞杀了，但你却说不清楚凶手是谁。“作为道地的诺曼底人，他十分节俭，认为凡是有用的东西都应该捡起来。”就是这样一位善良朴素的乡下人，怎么会遭到诬陷的呢？

生：他跟皮具商人玛郎丹过去为了一根笼头吵过架。

师：这可以说事出有因，商人玛郎丹要借机陷害奥什科纳老爹，但问题并不在这个商人有多坏，大家发现没有，这个故事的悲剧性表现在什么地方？

生：案子被侦破了，“第二天，午后一点钟左右，在依莫维尔的布雷东先生的农场里当长工的马里于斯·波梅尔把皮夹连同里面装的东西一齐送还给玛纳维尔的乌尔布雷格先生”。但是人们根本不相信奥什科纳老爹的申辩。

师：对！问题就出在这儿！“叫我心痛的，”他说，“倒不是事情本身，明白吗，而是那胡说八道的谎话。再也没有比谎话更害人的了，它害得你受到公众的指责。”奥什科纳老爹气愤难受继而到处申辩，但是有没有效果啊？

生：没有！

师：不但没有，反而陷入了更麻烦的境地！他的行为加重了人们对他的猜疑，最后强化为人们对他的嘲弄！“老滑头，算了吧！”“得了，得了！老狐狸，你那根绳子我早就知道了。”“别往下说了，我的老大爷，捡的是一个人，送还的是另一个人。神不知，鬼不觉嘛！”“这个庄稼人憋得透不出气来。他终于恍然大悟。原来他们认为他支使一个伙伴，一个同谋者把皮夹交了回去。”“他觉得挨了这不白之冤，简直像当胸挨了一刀。”

多么恶毒的想象！奥什科纳老爹有口难辩！“心里像油煎似地难受。”“眼看着他一天天憔悴了。”“十二月底，他病倒了！”“他死在正月初，临终说胡话的时候还在证明自己是清白无辜的人，不住叨念：一根绳子……一根绳子……瞧，就在这儿呢，镇长先生。”

师：明明案件破了，可是悲剧还是发生了，这叫着“眼睁睁地看着你，却无能为力！”你们发现问题在哪里呢？

生：他周围的人都很无聊，冷漠！

师：冷漠，说得对！不屑于理睬别人的不幸，不肯相信别人的诉说，有意无意在事件中添油加醋，不负责任地说谎话，这些人性中最恶劣的渣滓，就是奥什科纳老爹遭遇的最大不幸！要注意的是天才作家让我们看见了一个残酷的真实：那就是人性的邪恶本质！他所揭示的这种群体型的缺德行为是广泛而普遍地存在的，绝不是个别的。

同学们，你们有没有有意无意地添油加醋，不负责任地说过谎话？以后千万要注意啊，这也可能成为杀人的武器的！事实明明清楚不过，但是，越证明主人公清白无辜，世人越是笃笃认定他心虚作弊，这种荒唐绝伦的社会道德，被一班趋炎附势的小人强化了，孤弱无依的奥什科纳老爹于是劫数难逃。

师：奥什科纳老爹后来变得跟祥林嫂一样，有了一个习惯，一个什么习惯？

生：反复解释这件事。

师：对！作为一个弱小的个体要对抗的是强大的舆论压力，除了反复解释之外，他还有更好的办法吗？你们觉得他的反复解释至少证明了什么没有？

生：我觉得他可以保持沉默！

师：但奥什科纳老爹沉默的了吗？他沉默不了，祥林嫂也沉默不了，要不停地说！一方面宣泄怨愤，一方面又渴望别人的相信！同时还要证明自己的诚实！但可悲的是勤劳节俭的奥什科纳得了风湿症，而该死的社会风气也得了可怕地深入骨髓的“风湿症”！因此，人的尊严可以被随便践踏；他的死，也死在他的过分认真。认真的他，只因向生活追讨这份认真，追讨这份信任，竟被逼上了绝路！他无法与世共存，无法与这丧失了人性、丧失了良知，丧失了人与人之间基本信任的世道共存！

作家叶文玲说：“‘绳子’在这个冤案里，‘绳子’不仅仅是串连情节的主要道具，它更是人性的绞索。一句话：奥什科纳老爹与祥林嫂一样都死在了人心的冷漠中！世上最深的愤怨莫过于欲想昭冤而上天无路入地无门；世上最大的凄苦莫过于冤泪似倾却如水浇鸭背毫无用场；奥什科纳的悲哀是欲哭无泪的悲哀，奥什科纳想要讨回的公道是这个冷漠人世永远不会给他的公道。”

一个没有人与人之间基本信任的社会就是人间地狱！大家看看我们今天的局面比奥什科纳老爹与祥林嫂生活的环境进步了还是反而倒退了？

师：我个人的看法：进步是谈不上的！甚至还在倒退！香港阳光卫视的董事长陈平先生就将现在这个时代说成是“衰退的时代”，美国著名文学批评家哈罗德·布鲁姆也说：现在是一个“混乱的时代”。我这不是没有根据的悲观啦！我对人类的前景总体持悲观中的乐观态度！扯远了，好！再来看作家在字里行间强烈地呼唤着什么？

生：呼唤着人与人之间的真诚、信任！互相理解！

师：最大的呼唤是：健康的人性啊，魂兮归来吧！还有，大家能从这两个故事中感觉得出作者的强烈感情，但鲁迅先生与莫泊桑一样都把强烈的悲愤灌注在故事本身的叙述中！

这两篇伟大小说的高明之处还在于：作家的悲愤和控诉，恰恰被最大程度地节制和隐忍，你唯有在从头到尾沉郁平静的叙述中，感应到了人道主义作家深广如海的胸怀，感应他那既深明于社会病患而又难以疗救的最深切的痛苦。

真正是爱心似海，冷笔如刀！

附：

绳　子

［法］莫泊桑　赵少侯译

戈代维尔周围的每一条大路上，都有农民带着妻子朝这个镇走来，因为这一天是赶集的日子。男人们迈着不慌不忙的步伐，长长的罗圈腿跨一步，整个上身就向前探一探。他们的腿所以会变成畸形是因为劳动很艰苦：压犁的时候，左肩耸起，同时身子要歪着；割麦的时候，为了要站稳，保护平衡，两膝要分开，总之是因为那些既慢而吃力的田间活儿。他们的蓝布罩衫，浆得又硬又亮，好像上了一层清漆，领口和袖口还用白线绣着花纹，罩在他们瘦骨嶙峋的上半身上鼓得圆圆的，活像一个要飞上天空的气球，只多了露在外面的一个脑袋，两条胳膊和两只脚。

有的人牵着一头母牛或者一头小牛。他们的妻子跟在牲口后面，用一根还带着叶子的树枝抽打牲口的腰部，催牲口快走。她们胳膊上挎着大篮子，从篮子里这边钻出几个雏鸡的头，那边钻出几个鸭子的脑袋。她们走路，步子比男人们的步子小，但是急促，干瘪的身子挺得笔直，披着一块又窄又小的披肩，用别针别在扁平的胸脯上；头上贴发裹着块白布，上面再戴一顶软便帽。

一辆带长凳的载人大车过去，拉车的那匹小马一颠一蹦地紧跑着，颠得两个并排坐着的男人一个坐在车后面的女人东倒西歪，那个女人为了减轻猛烈的颠簸，紧紧地抓着车沿。

戈代维尔的广场上，人和牲口混夹在一起，十分拥挤。只见牛的犄角，富裕农民的长毛绒高帽子和乡下女人的便帽在集市上攒动。尖锐刺耳的喊叫声形成一片持续不断的喧哗，在这片喧哗声上偶尔可以听见一个心情快乐的乡下汉从健壮的胸膛里发出的大笑声，或者是拴在一所房子墙脚下的母牛发出的一声长鸣。

这儿的一切都带着牛圈、牛奶、厩肥、干草和汗水的气味，并且散发着人体和牲口身上，特别是庄稼汉身上冒出来那种难闻的酸臭味儿。

布雷奥泰村的奥什科纳老爹刚刚来到戈代维尔，他正向广场走去，忽然看见地上有一小段细绳子。作为道地的诺曼底人，他十分节俭，认为凡是有用的东西都应该拾起来。他很吃力地弯下腰去，因为他有风湿病。他从地上捡起了那段细绳子，正预备仔细地缠起来，看见马具皮件商玛朗丹站在店门口望着他。他们过去曾经为了一根笼头吵过架，两个人都是记仇的人，至今也没有言归于好。偏偏让仇人看见自己在烂泥里捡一根绳子，紧跟着又藏进裤子口袋；后来又假装在地下找寻什么东西，找来找去没有找到，就伛偻着害风湿病的腰，脑袋向前冲着，朝市场走去。

一忽儿工夫他就夹在人群里不见了。赶集的人你喊我叫，缓缓移动，因为永无休止的讨价还价而变得十分激动。那些乡下人拿手摸摸母牛，走了以后又回来，三心两意，老是怕受骗上当，一直不敢决定，偷偷地注意卖主的眼神，不断地想要识破卖主的诡计，找出牲口的毛病。

女人们把大篮子放在脚边，从篮子里掏出眼神慌张、冠子通红、捆住脚的家禽，搁在地上。

她们听了还的价钱，不动声色，冷冰冰地坚持卖原价；或者突然间决定同意还的价钱，向那个正在慢慢走开的买主喊道："就这么样吧，昂蒂姆大爷，我卖给你了。"

广场上人渐渐少了，教堂敲响午祷的钟声，家离着太远的人分散到各家客店里去。茹尔丹开的那家客店的大厅里挤满了吃饭的人，宽阔的院子里也停满各式各样的车子，有平板车，有两轮篷车，有带长凳的坐人的四轮车，有轻便车，还有一些叫不出名堂的车子，沾满黄泥，变了形，走了样，而且东贴一块，西补一块，有的车辕像两条胳膊似的朝天举着，有的鼻子挨地，屁股朝天。

吃饭的人都已经坐下，壁炉离着很近，明亮的炉火，把近右面坐着的那排客人的脊背烤得暖烘烘的。三根烤肉铁扦在火上转着，每根扦子上都叉满小鸡、鸽子和羊腿；烤肉的香味和烤焦了的皮上淌着油汁的香味，从炉膛飞出来，使得人们心情愉快，馋涎欲滴。

那些庄稼人中间的大亨们都在茹尔丹老板这儿吃饭，茹尔丹又开客店又当马贩子，是个颇有几文的机灵人物。菜一盘一盘地端过来，一盘一盘地吃光，黄色的苹果酒也一罐跟着一罐喝尽。每个人都要谈一谈自己的生意，谈谈买进卖出的东西。他们也打听庄稼收成的情形。天气对草料来说不算坏，对麦子来说可就差一点了。

忽然前面院子里，响起了冬冬的鼓声。除了少数几个漠不关心的人以外，大家都立刻站起来，向门口或者窗口奔去，嘴里塞得满满的，手里拿着餐巾。

宣读公告的差役又敲了一阵鼓以后，就胡乱地读着破句，断断续续地宣读：

“兹特通知戈代维尔居民，以及所有……前来赶集的人，有人在伯兹维尔的大路上，于……九、十点钟之间，遗失黑色皮夹子一个，内装五百法郎及商业票据。如有捡得者，请立即送交……镇政府或玛纳维尔的福蒂内·乌尔布雷格先生。当致酬金二十法郎。”

说完，这个人就走了。不久，从远处还隐隐约约传来了一次低沉的鼓声和他的叫喊声。

于是大家开始议论这件事，推测乌尔布雷格先生有没有机会找回他的皮夹。

午餐吃完了。

大家正喝最后一口咖啡，门前出现了宪兵班长。

他问道：

“布雷奥泰的奥什科纳先生在这儿吗?”

坐在桌子那一头的奥什科纳先生应道：

“我在这里。”

班长说：

“奥什科纳先生，请您跟我到镇政府去一趟，镇长有话要跟您谈谈。”

这个乡下人感到惊讶和不安，一口喝完了他那一小杯酒，站起身来，腰比早上弯得厉害，因为每次休息以后，迈头几步特别困难。他一边走，一边重复说道：

“我在这里，我在这里。”

他跟在班长后面走了。

镇长坐在靠背椅里等他。镇长是当地的公证人，身体肥胖，很严肃，说起话来喜欢夸大其词。“奥什科纳先生，”他说，“有人看见你今天早晨在伯兹维尔的大路上，拾到玛纳维尔的乌尔布雷格先生遗失的皮夹。”

这个乡下人目瞪口呆地望着镇长，这个莫名其妙落在他头上的嫌疑把他怔住了。

“我，我，我捡到了这个皮夹?”

“是的，就是你本人。”

“我以人格担保，我连看都没看见过。”

“有人看见你捡的。”

“有人看见我捡的？是谁，谁看见的？”

“马具皮件商玛朗丹先生。”

这时候老人才想起来了，明白了，气得脸通红：

“啊！是这个坏家伙看见我捡的！他看见我捡的是这根绳子，您看，就是这一根，镇长先生。”

他在口袋里摸了半天，掏出了那一段细绳子。

不过镇长摇摇头不相信：

“奥什科纳先生，玛朗丹先生是一个可以信赖的人，你没法使我相信他会把这根绳子当成一个皮夹。”

这个乡下人气极了，举起了手，向旁边吐了一口唾沫，表示以他的人格起誓，他又说了一遍：

“这可是千真万确，镇长先生，一点不假呀。我可以拿我的灵魂和我灵魂的得救再起一遍誓。”

镇长又说道：“在捡起以后，你甚至还在烂泥里寻找了好久，看看还有没有掉出来的钱。”

这个老头又是生气又是害怕，简直透不过气来了。

“怎么可以说……怎么可以说……这种谎话，来诬赖一个老实人！怎么可以说……”

他抗议也没有用，对方不相信。

后来让玛朗丹先生来和他对质。玛朗丹先生把他的证词重述了一遍，并且一口咬定。他们两人对骂了一个钟头。根据奥什科纳先生自己的要求，在他身上搜了一遍。什么也没有搜出来。

镇长也很为难，最后只好把他打发走，不过通知他这个案子要报告检察院，听候命令再做处理。

这时，新闻已经传开了。老头儿一走出镇政府，立刻就被人围住，问长问短，有的确实是出于好奇，有的则带着嘲弄的意思，但是没有一个人替他抱不平。他把绳子的故事讲了一遍。谁也不信。大家都觉得好笑。

一路上，他不是被人截住，就是截住他认识的人，一遍又一遍讲他的故事，提出他的抗议，并且把衣袋翻过来叫人看，证明他什么也没有。

那些人对他说：

“老滑头，算了吧！”

他生气，发火，因为没有人相信他而激动、伤心，他也不知道该怎么办才好，只得一个劲地讲他的故事。

天黑下来该回家了。他跟三个乡邻一起往回走，路过捡到绳子的地方，他指给他们看那个地方，一路上不停地谈他的这个遭遇。

晚上，他在布雷奥泰村绕了个圈，把他的遭遇讲给大家听。他遇见的人都不信。

他心里难受了一整夜。

第二天，午后一点钟左右，在依莫维尔的布雷东先生的农庄里当长工的马里于斯·波梅尔把皮夹连同里面装的东西一齐送还给玛纳维尔的乌尔布雷格先生。

据这个长工说，他确实是在大路上拾到的，因为不识字，他就带回去交给了东家。

这个消息传到了四乡。奥什科纳老大爷也听说了。他立刻到各处转悠，把他那个有了结局的故事讲给大家听。他胜利了。

“听我痛心的，”他说，“倒不是事情本身，明白吗，而是那胡说八道的谎话。再没有比谎话更害人的了，它害得你受到公众的指责。”

这一整天，他都谈论他这件意外遭遇，他在大路上讲给来往的行人听，他在酒馆里讲给喝酒的人听；到了星期日，他还到教堂门口讲给做完弥撒的人听。就是不认识的人，他也会拦住他们，讲给他们听。现在他算是放下心了，不过总还有点不知什么东西使他感到别扭。听他讲故事的人，脸上总带着开玩笑的神色，看上去好像不相信。他还似乎觉得背后总有人在嘀嘀咕咕。

下一个星期二，他需要把他的事解释解释清楚，特地到戈代维尔去赶集。

玛朗丹站在自己门口，看见他走过来，就笑了起来。这是为什么呢？他找克里格托的一个农庄主人说，可是那个人不容他说完，就在他心口上拍了一下，冲着他的脸喊道："老滑头，算了吧！"然后就转过身子走了。

奥什科纳先生目瞪口呆，并且越来越感到不安了。为什么叫他"老滑头"？

他到了茹尔丹客店，落了座以后，他又开始解释他的事。

蒙蒂列埃的一个马贩子对他大声喊道：

"得了！得了！老狐狸，你那根绳子我早就知道了。"

奥什科纳结结巴巴地说：

"那个皮夹不是已经找着了吗？"

那个人又说：

"别往下说了，我的老大爷，捡的是一个人，送还的是另一个人。神不知，鬼不觉嘛。"

这个庄稼人憋得透不出气来。他终于恍然大悟。原来他们认为他支使一个伙伴，一个同谋者把皮夹交了回去。

他还想辩驳，座上的人都大笑起来。

他没法吃完他的这顿饭，在一片嘲笑声中走了。

他回到家，又羞又气，怒火和羞耻锁住了他的喉咙，憋得透不出气来；使他特别感到苦恼的是，他具有诺曼底人的狡猾，人家指责他的事，他是做得出来的，甚至还会自鸣得意，夸耀自己手段高明呢。他模模糊糊地觉得他的清白无罪是无法证明的了，因为自己的机灵奸巧是无人不知的。他觉得蒙了这种不白之冤，简直像当胸挨了一刀。

他于是又讲他的遭遇，每天都要把故事拉长一点，每次都要增加一些新的理由、一些更有力的声明、一些更庄严的誓词，这些都是他独自一个人的时候琢磨出来、预备好的，因为现在他的脑子里只有绳子这一件事了。他的辩解越是复杂，理由越是巧妙，大家越是不相信他。

他一转身，人们就说："这些都是胡诌出来的理由。"

他感觉到这一切，心里跟油煎似的难受，他仍旧作种种的努力，但白白耗费了精力。

眼看着他一天天憔悴了。

现在那些好耍笑的人为了取乐，反倒要求他讲绳子的故事了，正如人们请士兵讲打仗一样。在彻底的打击下，他的精神衰退了。

十二月底，他病倒在床上。

他死在正月初，临终说胡话的时候还在证明自己是清白无罪的人，不住念叨：

“一根绳子……一根绳子……瞧，就在这儿呢，镇长先生。”

存在的神话

——与中学生谈诗是什么（课堂实录）

点评：孙绍振　程红兵　授课：文勇

◎孙绍振点评：

《什么是诗》光看这个题目，就是很冒险的，诗是什么？有多少大诗人，大理论家说过多少话了，下过多少定义了，有人甚至以此题目专门写了一本书。可是至今似乎还没有一个定义是获得广泛认同的。文勇下决心啃块硬骨头的精气神，值得称赞。对于中学生来说，这堂课无异于一次理论思维的探险。而这样的探险，在我国中学教育中是一个薄弱环节。不言而喻，从小学到中学，青少年读过了许多诗，有了相当丰富的感受。但是，有哪个老师想到，文学教育，不仅仅停留在审美鉴赏上，而且应该提升到智性抽象上。把那些分散的感性记忆提炼成比较普遍的观念，是素质教育不可回避的一环。正是从这个意义上说，文勇从诗的定义开始并不完全是鲁莽。值得欣慰的是，第一，虽然似乎在寻找、提炼定义，但是，又不是大学里那种从抽象到抽象的理论，而是从诗中，从诗的文本中去归纳，从诗的定义中去提纯。第二，不是从一首诗，一个格言式的定义出发去追寻，而是从不同的诗，从不同的定义中寻求比较统一的理念。从这里，可以看到文勇的成功在于涉猎的广泛。第三，他采用了一种随机的取样的方式来展开论述，但是，例证的纷繁，并没有陷入芜杂。最后，他以逻辑分类的方法把理念条理化了。当然，这样的条理，对于诗的定义来说，是相当初步，甚至还可以苛刻地说，是有点粗疏的。但是，不应忽略的是，在这样的逻辑构成过程中，文勇可能是第一次，把学生逼上了在纷繁错综的现象面前形成自己条理的思维过程。也许结论是可以怀疑的，但是，追求结论的方法却比结论更有素质教育的意义。

◎程红兵点评：

德国著名诗人诺瓦利斯在《断片》中指出："诗，是生活的外形。个体活在整体之中，整体活在个体之中。通过诗歌，最高的同情与活力，即有限与无限最紧密的统一，才得以形成。"古今中外，诗的世界莫不是作为一个与现实的庸俗的世界的对立而提出来的。而对中学生进行高层次的诗意洗礼不是一件容易的事，文勇的课堂做了有益而且较为深刻的探索，他向中学生极力宣讲的是诗歌的浪漫精神、超越境界以及诗人用来抵抗污浊的现实世界所建立的精神坐标！在一个价值混乱、物欲横流以及技术对人产生了致命的统治的时代，也许只有诗歌还能给我们带来一丝清凉的风，这种深入本质的诗歌教育才是我们今天课改所真正需要的。

师：上课！

师：语文学习的主要内容是文学作品，在所有的文学作品中，诗歌又是最高的形式。从幼儿园开始，我们就在背诵诗歌，有古代的、现代的、中国的、外国的。学过了如此多的诗歌，有的同学甚至还在尝试着写诗，大家对诗歌应该是有了一些感性的认识。但是，同学们是否思考过一个看似简单实则深奥的问题——诗是什么？还有，诗对我们有何意义？我们为何要读诗，写诗？我觉得追问这些最根本的问题，丰富我们对诗歌的认识，也可提高我们的文学修养。今天，我们就一起来探讨一下——诗是什么？

师：诗究竟是什么呢？先请同学们谈谈自己的见解，大家可以大胆地说出自己的想法，老师非常愿意听到你们个性化的独特的观点。

生：诗歌是一种有着固定格式的文学形式。

生：诗歌最大的特点是抒情性很强。

生：诗歌用意象来表达情感。

生：诗歌的语言很含蓄、很凝炼。

生：诗歌的语言有音乐美，很适合诵读。

师：说得很好！同学们发现了诗歌的一些非常显著的特点，一些外在的特点。那我有一个问题想问问大家，你们读诗，鉴赏诗，背诗，究竟是为了什么呢？学诗的目的仅仅是会读、会背、会写就行了吗？

生：不仅仅是，我们读诗、品味诗还是为丰富我们的心灵。

师：是的。孔子曾说："不学诗无以言。"孔子的话告诉我们，诗是和我们的生活联系最为紧密的必需品。钟嵘曾说："动天地，泣鬼神者，莫近乎诗也。"德国著名的哲学家海德格尔曾引用著名诗人荷尔德林的话说："只要善良、纯真尚与人心同在，人便会欣喜地用神性度测自身。……神本是人的标尺。劬劳功烈，然而人诗意地栖居在大地上。"他想表达的也是人之所以成为人，就是因为人离不开神灵与诗意。海德格尔发展了荷尔德林的理论，进一步在他的论述中提出了一个重要的命题——歌声即生存。中国是一个诗的国度，在中国古代，我们的祖先有着"以诗赋事"的传统，清朝的乾隆皇帝一生创作了四万二千二百五十多首诗歌，平均每天要写四首诗，上个厕所出来都有一首诗的。（笑）

师：刚才，同学们在解释诗的时候说出了诗歌很多的特点。下面我们就通过几首诗歌来一起分析一下诗歌的特点。

屏幕显示：

小　诗

宗白华

生命的树上，
凋了一树花，
谢落在我的怀里，
我轻轻地压在心上。
她接触了心中的音乐，

化成小诗一朵。

师：请问，从这首诗中，你们能看出诗和什么联系最紧？

生：诗和生命的联系最紧，因为诗是心中的音乐。

师：非常好！所有的好诗都是来自诗人心中的歌，人是物质的存在，更是精神的存在，因此，我们更需要读诗，写诗。

屏幕显示：

你们问什么是诗
我把桃花说成夕阳
如果你们再问
到底诗是何物
我突然感到一阵寒颤
居然有人
把我呕吐出的血
说成了桃花

——洛夫（台湾）

师：这首诗至少说出了诗歌的两个本质特点，请大家思考一下是什么？

生：诗歌要运用比喻的修辞方法。

师：诗歌要用意象暗示、隐喻、象征。诗不是一般人能写得出来的，是诗人用心血凝成的，而真正的诗是用生命化成的。但是诗从本质上说是呼唤，是更高层次的哲学理解，绝不仅仅是意象。

屏幕显示：

诗是什么
是人类最想说
而又没有说过

而又非说不可

而又只好这么说的话

——绿原

师： 这首小诗告诉了我们什么？

生： 诗歌表达的是人类内心最真实的声音，是独一无二的关于人类内心的表达。

师： 诗是具有独创性的伟大创造，它是带有普泛意义，能够引起大家共鸣的艺术表达。下面我们再来看一首诗，让我们通过这首诗来探讨一下诗的价值何在。

屏幕显示：

诗的价值

席慕容

若你忽然问我
为什么要写诗
为什么　不去做些　别的有用的事
那么　我也不知道　该怎样回答
我如金匠　日夜捶击敲打
只为把痛苦延展成　薄如蝉翼的金饰
不知道这样努力地
把忧伤的来源转化成
光泽细柔的词句
是不是　也有一种
美丽的价值

生： 这首诗告诉我们读诗，领略诗的含义可以让我们生活得更快乐，让我们的生活变得更美好。

师： 从这首诗中，我们可以发现，诗歌的价值在于美。所有的文学都是为了美化人生的。文学是人生的化妆品。别林斯基讲："文学是社会的家庭教师！"事实上，人要生存下去，只需要基本的物质保障；而要生活下去，则需要心灵的滋养。对一个中学生来说，最紧要的事情有两件：一是开拓自己的物理空间，多走路，多观察；一是开拓自己的心灵空间，人不应该只活在当下，而要活在历史的长河与对未来的憧憬中。我们要在古代找到知音，到未来找到朋友，要联系古代，看见未来；我们要透过表象，窥见真实。什么是文学？德文里有一个词"machtsichtbar"说得很准确：使看不见的东西被看见！人活在世界上真正有意义的事情是看见！周国平先生有篇短文叫《内在的眼睛》，他说："我相信人不但有外在的眼睛，而且有内在的眼睛。外在的眼睛看见现象，内在的眼睛看见意义。被外在的眼睛看见的，成为大脑的储存，被内在的眼睛看见的，成为心灵的财富。许多时候我们内在的眼睛是关闭的，于是我们只看见利益，却看不见真理，看得见万物，却看不见美，看得见世界，却看不见上帝，我们的日子是满的，生命却是空的，头脑是满的，心灵却是空的！"他还说最好的训练内在视力的方法就是写作。从总体上看，哲学、文学、历史学都是训练内在法眼的智慧性学科。一个人要找到自己真正的生活是不容易的，有的人终生漂浮在自身之外，就是因为他们没有内在的眼力，这是真正的人生荒诞！我给起了个名字叫做——活在"非自我状态"。因此我们要把爱哲学、文学看成爱生命本身！因为亲近哲学、文学会使我们更容易看见！看见什么？看见美、灵魂的多样化的运动、笑语、同情的眼泪还有社会纷繁复杂的表象背后的另一种真实，看清我们的生存本质，而美则是更贴近我们生存本质的一种激动人心的本质，它更让我们看到了我们的理想，看到了人生的希望，给人生注入活力、色彩与动力。文学的意义大不大啊？大家还记得朱自清先生的《背影》吧？这篇优秀的散文写出了天下伟大父爱的可贵，让人看到了父爱的伟大，让人读完它之后会去重新审视自己却并没有看见的父爱。

师：下面我们再来看一首小诗。

屏幕显示：

你想说服我，得先说服你自己；
想感动我，得先感动你自己。

——梁宗岱先生论诗

师：读完这首诗，到这里我们可以给诗一个小结了，因为诗是不能下定义的。下面是一些作家给诗作的小结，我们一起来看看。

屏幕显示，教师朗读：

诗是感动，诗是心中的音乐，诗是忧伤的来源。诗是在沉寂中生长出来的语言之花。它迎接着空空荡荡，沉寂如同锋利的岁月，它刻下疼痛而幸福的痕迹。

真正的诗，是用有节律的精炼语言，表现植根于现实生活的，经过沉静中的回味而来的，具有审美价值的真挚情感。

——龚仁贵《诗歌常谈》

诗的问题就是生命的问题，就是通过体验生活而获得生命价值超越的问题！

——狄尔泰

我国近代有个诗僧叫八指头陀寄禅和尚，他21岁时初登岳阳楼，凭栏远眺，忽然得了一句诗：

洞庭波送一僧来

这一句犹如白描，是无心体得，却占尽风流，当时寄禅和尚并未学诗，两年后，他努力学诗，重游洞庭补全了全篇：

危楼百尺临江渚，多少游人去不回；

今日扁舟谁更上？洞庭波送一僧来。

诗虽然好，却因有刻意作诗之嫌，被后人认为只有那一句才是经典！

俄国的曼德尔斯塔姆（Mandelstam），英国的狄兰·托马斯（Dylan Thomas），德国的特拉克尔（Georg Trakl）和鲍尔·策兰（Paul Celan），西班牙的洛尔迦（Garcia Lorca）和瓦耶霍（Cesar Vallejo）等，读这些大师的作品才知道诗的高度在哪里。我不认为诗歌总是在进步，某一时期它会产生巨大的倒退。

——北岛

诗的使命是唤醒感觉，复活语言。内在感觉的唤醒即捕捉情绪，外在感觉的唤醒即捕捉意象！诗歌有三重魅力：感觉；意象；语言！

——周国平

师：同学们，我也给诗做了一个小结。

屏幕显示，教师朗读：

诗是灵魂燃烧的火焰！诗是生命境界之呈现！诗属于天才，歌属于大众。诗属于灵魂有深度的人，歌属于情感有厚度的人。诗是最高的娱乐形式，歌是粗浅的娱乐形式。

——文勇

师：下面让我们具体的谈谈诗歌在我们生活中的意义：

第一，诗让我们脱离实用关系去欣赏生活：

我们来读下面这首诗：

柳州城西北隅种柑树

柳宗元

手种黄柑二百株，春来新叶遍城隅。
方同楚客怜皇树，不学荆州利木奴。
几岁开花闻喷雪，何人摘实见垂珠。
若教坐待成林日，滋味还堪养老夫。

皇树：橘树。屈原《橘颂》："后皇嘉树，橘徕服兮。"楚客：指屈原。不学荆州利木奴：不学三国时丹阳太守李衡通过种橘来发家致富，给子孙留点财产的做法。喷雪：形容柑树开花。垂珠：形容累累硕果。

这首诗写于柳宗元被贬柳州时期，诗的内容是抒发种柑树的感想。开头两句叙述自己亲手种植柑树，并且已经生长繁盛。三四句通过两个含义相反的典故，表达了自己复杂的思想感情。五六句说诗人从幼小的柑树，远想到它的开花结果。最后两句说，将来能够亲眼看到柑橘长大成林，能以自己亲手种出的柑橘来养老，这是一种何等的乐趣！这首诗表面看来诗人都在说种柑树，实际上是抒发了诗人被贬的抑郁心情。不过整首诗在平缓的语调后面，却隐藏着诗人一颗不平静的心，同学们发没发现柳宗元在柑树上寄予了独特的人格追求？绝不学李衡种橘树只是为了获利，而是为了审美！这里告诉我们一个人生原则，就是人生要想获得美感，就必须脱离实用关系去欣赏生活，才能获得超越，获得美！

唐代有个叫张打油的书生，看见别人吟诗作赋，心生羡慕，有一天大雪漫漫，他也想写写诗歌，忽然灵感闪现，他写道："江山一笼统，井上黑窟窿。黑狗身上白，白狗身上肿。"

大家说这是不是诗歌啊？

生：不像诗歌！

师：为什么？

生：他只写了客观的景物，没有感情！

师：说得太好了，看来大家有了一定的鉴赏水平！这就是著名的打油诗，他止于观察，没有心灵的参与！因而不是诗！

师：下面我们再看两首写观看打渔的诗：有个叫唐守之的人写了这样一首观看打渔的诗“一网复一网，总有一网得。笑煞无网人，临渊空叹息！”大家觉得怎么样？

生：打油诗！

师：为什么？

生：我觉得他没有什么意义，写了跟没写差不多！

师：很好！我们再看一个叫程鱼门的人写的《观打渔》云：“旁人束手休相怪，空网由来撒最多。”只两句我们就觉得有深广的人生况味在里面！人生就是这样，常常是追求付出很多，却得不到期望的回报！

第二，诗歌常常给我们提供心灵休闲舒展的美丽空间。

大家喜不喜欢王维、孟浩然的诗？

生：喜欢！

师：好！我们来读一读孟浩然的《夏日南亭怀辛大》：

山光忽西落，池月渐东上。
散发乘夕凉，开轩卧闲敞。
荷风送香气，竹露滴清响。
欲取鸣琴弹，恨无知音赏。
感此怀故人，中宵劳梦想。

浩然诗的特色是“遇景入咏，不拘奇抉异”(皮日休)，虽只就闲情逸致作清描淡写，往往能引人渐入佳境。诗的内容可分两部分，既写夏夜水亭纳凉的清爽闲适，同时又表达对友人的怀念。“近水亭台”，不仅“先得月”，而且是先退凉的。诗人沐浴之后，洞开亭户，“散发”不梳，靠窗而卧，使人想起陶潜的一段名言：“五六月中北窗下卧，遇凉风暂至，自谓是羲皇上人。”(《与子俨等疏》)三四句不但写出一种闲情，同时也写出一种适意——来自身心两方面的快感。

然后，诗人从嗅觉、听觉两方面继续写这种快感：“荷风送香气，竹露滴清响。”荷花的香气清淡细微，所以“风送”时闻；竹露滴在池面其声清脆，所以是“清响”。滴水可闻，细香可嗅，使人感到此外更无声息。诗句表达的境界宜乎“一时叹为清绝”(沈德潜《唐诗别裁》)。写荷以“气”，写竹以“响”，而不及视觉形象，恰是夏夜给人的真切感受。

“竹露滴清响”，那样悦耳清心。这天籁似对诗人有所触动，使他想到音乐，“欲取鸣琴弹”了。由境界的清幽绝俗而想到弹琴，由弹琴想到“知音”，而生出“恨无知音赏”的缺憾，这就自然而然地由水亭纳凉过渡到怀人上来。

大家想一想孟浩然获得的这种美感在紧张、焦虑的现代人中间还剩下多少？孟浩然的愉悦是不是给现代人的一剂药方？

第三，提供人生的警悟，升华心灵的境界。

下面是一首唐代的赠友诗：

此来风雨后，已觉减年华。
若待皆无事，应难更有花。
管弦临夜急，榆柳向江斜。
且莫看归路，同须醉酒家。

——李昌符

诗人赠别朋友，也是提醒朋友！所有的世事，总不外乎求命求利，而赏花的兴致则超乎世俗的名利之外，如果要等到什么事情都没有了才去赏花，花也应该很难还在那开着啦！李昌符看到原先约定同游的朋友，推三阻四，总有忙不完的琐屑事，世上有多少是摆不脱放不下的事？但是俗世中人总把琐屑之事看得很大，而把心灵之事看得很小，轻率地耽误了花期！在李昌符看来赏花是第一件大事，一个人时刻不可忘掉生命情调的培养！读这样的诗，可以警醒我们的人生！

第四，穿越时空，让我们与圣哲同在。

古人云：见贤思齐焉，同化作用在中国人心中最为普遍，古诗的用典就是在古人那里寻找心灵依据的证明。发现圣哲的价值，穿越时空与圣哲同在，常常是诗歌的主题。大家知道东汉严子陵的故事吗？这是一个哺育了多少代文化人的经典故事。严子陵，名光，会稽余姚人，少时曾与后来的光武帝刘秀一同游学。刘秀建立东汉后，思念严子陵的才华与贤能，再三盛礼相邀年轻时的同学严子陵出来做官，授谏议大夫，但严子陵坚决隐居不出，据《后汉书·严光传》记载，刘秀派人拿着画像到处寻找严光（子陵），“后齐国上言：有一男子，披羊裘钓泽中”，使者拿画像同真人一对照，果然就是严子陵，但他死活不从，往返三次这才把他接了去。刘秀对严子陵真是同学情深，苦苦劝他，甚至拉他同睡在一张床上，半夜里严子陵故意把脚搁在刘秀的肚子上乱蹬乱打，刘秀还不敢动，害得夜观天象的官员见“客星犯御座甚急”，虚惊了一场。后来严子陵始终“不屈，乃耕于富春山”。老死于家，年八十。过了一千年，范仲淹在纪念严子陵的祠堂上写道：“云山苍苍，江水泱泱，先生之风，山高水长。”“先生”即指严子陵。陆游曾作一篇《鹊桥仙》来写钓台精神——“一竿风月，一蓑烟雨，家在钓台西住。卖鱼生怕近城门，况肯到红尘深处？潮生理棹，潮平系缆，潮落浩歌归去。时人错把比严光，我自是无名渔夫。”李白也写诗大大地赞颂严子陵的人格精神：“松柏本孤直，难为桃李颜。昭昭严子陵，垂钓沧波间。身将客星隐，心与浮云闲。”在写严子陵的诗歌中我最欣赏的还有一首黄庭坚的诗《题伯时画严子陵钓滩》：

平生久要刘文叔，

不肯为渠作三公。
能令汉家重九鼎，
桐江波上一丝风。

“久要（yāo）”：老朋友。“一丝风”指钓竿。桐江就是富春江，江上有二台，即东台、西台，西台严子陵，这里说的就是西台。后汉光武帝刘秀，从前跟严子陵同学时，人称刘文叔。严子陵不巴结权势，有高贵的风骨，是东汉优美士风的代表。钱穆《中国历史上的人物》曾高度赞叹历史上那些无所表现的人物，认为是中国历史的一大优点。西方历史不表彰无建功者，而中国历史则表彰无实际功绩而有高风亮节的人物，这些人犹如重器宝鼎，犹如定海神针！黄庭坚觉得严子陵的一根钓鱼竿简直就比象征汉家国家政权的九鼎还重。能够使汉家的江山重若九鼎，那是富春江畔的高风美德啊！读了这首诗，我产生了一股强烈的冲动，专门跑到浙江桐庐严子陵钓台去感受那种流传千古的纯洁的精神，也写了一首：

过严子陵钓台并赠裴光勇彭公瑾兄

桐江波上水犹清，
钓竿长垂待知音。
可怜台下憔悴客，
污却狂奴万代名！

第五，同喜同忧，获得丰富人生的真实况味。

行　宫

元稹

寥落古行宫，
宫花寂寞红。

白头宫女在，
闲坐说玄宗。

宋代洪迈在《容斋随笔》卷二说这首诗“语少意足，有无穷之味”；明代胡应麟《诗薮·内编》卷六以为这首诗是王建所作，并说“语意绝妙，合（王）建七言《宫词》百首，不易此二十字也”。只寥寥数语，却写尽了宫女们悲凉的人生况味！大家想想那些宫女们年轻时都是月貌花容，娇姿艳质，但一旦被禁闭在这冷落的古行宫之中，成日价寂寞无聊，看着宫花，花开花落，年复一年，青春消逝，红颜憔悴，白发频添，如此被摧残，往事岂堪重省！然而，她们被禁闭冷宫，与世隔绝，别无话题，却只能回顾天宝时代玄宗遗事，此景此情，令人凄绝。读诗的一个重要目的就是间接丰富我们的人生感受，从而增加我们对人生的认识！这是一种更为深刻的美感。

师：好，关于诗歌的话题，一两节课是无法说清楚的，我们以后还要多进行这样的讲座，来增加大家对诗歌的兴趣！今天就讲到这里，最后送一首宗白华先生的诗作为结束语：

诗

宗白华

啊，诗从何处寻？

在细雨下，点碎落花声！
在微风里，飘来流水音！

在蓝空天末，摇摇欲坠的孤星！

下课！

整理：黄敏

专制奴役的整体性隐喻

——《促织》的一种解读（课堂实录）

点评：孙绍振　授课：文勇

时间：2007 年 7 月　地点：重庆（中央教科所高中示范课）

◎孙绍振点评：

《促织》的难度不仅仅在文字上，而且在文章的生活内容和当代青少年生活经验的距离上。文勇不但意识到了这个难点，而且找到了方法，那就是缩短文章与学生心理和有限的经验之间的距离。一开头，他表面上和一般的老师一样过多地使用了朗读，但是，实质上，朗读在他驾驭之中。他的点拨，他的谈笑风生，他的生活化的口语，把遥远的过去，不但变得很有当代感，而且具有现场感。课堂氛围相当活跃。但是，这种活跃并不浮泛，相反，时时有警策的智慧的闪光。原因在于文勇从头到尾都扣紧文本的关键词：如，开头的“戏”和后面的“偶”，又如，从文字学上分析的“媚”和“闷”，都相当感性而且深入。当然，文勇并没有停留在局部的字眼上。在揭示出情节成为专制奴役的制度的象征的同时，难能可贵的是，对人物也没有简单化。特别是母亲把儿子逼上死路这一关键上，文勇的分析表现出驾轻就熟，深入浅出的自由。文勇之所以能如此，不完全由于他的口语的流畅，而是得力于他的学养。这种学养分为两个方面，一是，对《聊斋志异》在国内外的影响了如指掌，二是，对中外文学理论的广泛涉猎。正是因为有了这样的深厚的基础，他才能在课堂上游刃有余。

师：上课！

师：《促织》这篇课文我们已经学了两节课了，已经扫除了文字阅读理解上的障碍，今天我们的任务是鉴赏这篇独特的、优秀的文言短篇小说。

鲁迅先生有一句名言："天才的诗人应该能感受到天堂的幸福和地狱的痛苦。"而蒲松龄就是这样的一个具有天才敏感的伟大作家，他能够敏锐地感受到中国古代专制奴役背景下人生的痛苦，以及这种痛苦的普遍性。蒲松龄这个人啊，是一个非常聪明的人，他 19 岁的时候考秀才，县里，府里，道里三次考试三个第一名，可是自从考上秀才以后啊，再也不能往上考了，就如同我们现在考了高中以后，再也不能考大学了，也考不上研究生，更考不上博士了。一直到 72 岁这一年，按照惯例给他弄了一个贡生，这是别人同情他，说"你考了七十多岁还没有考上，算了算了，破格给你一个算了"。所以他一生都生活在集团政治的边缘，生活在社会主流的边缘。

我有一段时间对蒲松龄的诗产生了很大的兴趣，他的诗写得非常好，我在他的诗里选了两句，来分别概括他的人生境况，"月桂凄冷霜天高"，"烟波万里一身遥"。这两句诗可以说是他整个人生的记录。

至于《聊斋志异》，这是一部值得我们骄傲的伟大小说，最近啊，我发现了一些资料，说国外风靡《聊斋志异》的研究，国外有很多学者在吃《聊斋志异》这碗饭，有关专家统计仅韩国就有四十多名学者在专门研究《聊斋志异》，美国洛杉矶大学波摩纳学院有个叫白亚仁的博士，他五次到作者蒲松龄的故乡实地考察，他说："无论从内容还是创作手法上，都享有非常崇高的地位，是全人类共同的宝贵财富。我经常给我 9 岁的女儿讲'聊斋'故事。"哈佛大学有一个研究《聊斋志异》的专家，一个叫做朱迪的博士，他说："我觉得《聊斋志异》是世界上最好的小说之一。"

有人把《聊斋志异》当作是中国的《天方夜谭》，有人说它是世界三大小说之王，还有"两大"是哪"两大"？

契诃夫，莫泊桑。中国的是蒲松龄。

《聊斋志异》的研究也有一些超出文学范围的地方，有人认为《聊斋志异》不仅是一部伟大的文学作品，还是一部科学著作，说它是“我国第一部探索千古之谜的研究‘飞碟’现象的科学报告”。

生：（笑）

师：它是古人给我们留下的关于UFO研究工作的宝贵资料，蒲松龄乃是中国第一任“飞碟”研究会的会长。1984年大连海洋学院出版了一本《华夏碟影》的书如是说，1988年，兵器工业出版社出版了台湾飞碟专家写的《星空碟影》也这样说，《聊斋志异》里面有很多奇怪的事情，这个大家都知道，比如它里面写的水怪啊，半夜里出来个眼睛的光啊，书上形容的是“目光如炬”，照得天空如同白昼，以我们现在看来，这是不是外星人啊？我觉得有些道理，证据确凿，科学研究啊！

生：（笑）

师：这是开玩笑的。今天我们撇开这些都不谈，要谈的是《促织》以及其中中国专制奴役文化隐喻的思想内涵，题目叫做“专制奴役的整体性隐喻”——《促织》的一种解读，今天我们要讲课的内容我已经写成了文章登在了《中学语文》这本杂志2007年第5期上。

下面先请大家翻开课本，先读第一、第二自然段“宣德间，宫中尚促织之戏”读！

生：宣德间，宫中尚促织之戏，岁征民间。此物故非西产；有华阴令欲媚上官，以一头进，试使斗而才，因责常供。令以责之里正。市中游侠儿得佳者笼养之，昂其直，居为奇货。里胥猾黠，假此科敛丁口，每责一头，辄倾数家之产。

邑有成名者，操童子业，久不售。为人迂讷，遂为猾胥报充里正役，百计营谋不能脱。不终岁，薄产累尽。会征促织，成不敢敛户口，而又无所赔偿，忧闷欲死。妻曰：“死何裨益？不如自行搜觅，冀有万一之得。”成然之。早出暮归，提竹筒丝笼，于败堵丛草处，探石发穴，靡计不施，迄无济。即捕得三两头，又劣弱不中于款。宰严限追比，旬余，杖至百，两股间脓血流离，并虫亦不能行捉矣。转侧床头，惟思自尽。

师：很好，但是有一个字读错了，“探石发穴”的“穴”读第二声，不要读成第四声了，这个故事啊，惊心动魄、曲折婉转，可以说是扣人心弦，但是这个故事发生的背景或者说是起因是什么呢？我们在第一自然段里找，用一个字来概括这个故事的背景。

生（李磊）：应该是第一段第一句话。“宣德间，宫中尚促织之戏，岁征民间。”

师：我说的只要一个字呀，要那么多字干什么呀？

生（李磊）：戏。

师：OK！请坐，就是这个“戏”，“游戏”的“戏”（板书“戏”字）。谁在玩游戏呀？

生：（讨论）

师：天子在玩游戏。最后一段的评论里面，作者对天子玩游戏啊，做了本质性的概括，大家也来找一个字概括天子玩游戏的特点或者说是本质，它具有什么样的特点？

生（杨浩）：偶。

师：对，偶！天子玩游戏有很大的偶然性，今天他发生了兴趣要玩蛐蛐，明天说不定他要玩老鼠，后天说不定要玩蟑螂了，要是突然有一天他要玩臭虫，那可就惨了。对不对？“你们给我抓臭虫来我要玩啊。”因此，天子玩游戏具有很大的偶然性，这就是故事的背景。

我们为什么要研究背景呢？这个很重要，玩促织对于天子来说只是一个游戏而已，但是对于老百姓来说，对于下面的官员来说，却远非如此了，可以说就是他们生活的全部了，是“生命所及也”。你们看看啊，天子玩游戏不要紧啊，下面发生了什么？

至少有两类人要活动起来，有主动的也有被动的，主动活动的是什么啊？

生（陈龙）：是官员。

师：是官员！那么官员是怎么活动的啊？

生：他让百姓上交促织。

师：他利用这个机会向老百姓摊派搜刮，对不对啊？非常准确，请坐！

官员的活动带有主动性，大家把形容官员特征的这个字找出来。他们主动为天子的这个事情操心，书上是怎么形容？

我们一定要研究语言，研究语言就是研究人的生存状态。20世纪一个著名的分析哲学家、语言学家维特根斯坦，奥地利人，他说了一些非常有名的话："想象一种语言就是想象一种生命状态，想象一种语言就是想象一种生存方式，我们语言的界限就是世界的界限。"我不懂英语，所以我对英语的世界就不了解。英国还有一个著名的语言学家叫做伊各尔顿，他甚至说："意义是被语言创作出来的。"可见我们研究语言是多么重要。

今天我们研究语言及其他的隐喻意义，1908年，美国出了一个很有名的学者欧内斯特·范罗莎在1908年写了一本书《汉字作为诗歌媒介的特征》，他讲："中国的汉字啊，它蕴含着丰富的作为语言机智的隐喻性，它是世界上最理想的语言。"所以汉字本身就是一种象征着文化和意义的语言，是一种理想的文化的存在。比如说这个"安"，什么叫"安"啊？家有女人叫"安"，家没有女人不安定，女人歪了就不安定了。

生：（笑）

师：什么叫做"存"啊？有子曰"存"，子是延续后代的。什么叫"在"啊？有土地曰"在"，没有土地了就不"在"了，所以自古以来都是为争夺土地而争斗！中国人讲存在，讲的是"子"和"土地"，中国的文化——农业文化就在这里，而"存在"在英文里就没有这样的意思，"exit"不是这样的意思，它说的是精神的真实意义。所以语言是一种文化，我们今天要研究的是汉字隐喻了人生的什么状态，回答我刚才提出的问题，官员主动为皇帝去工作，形容官员的生存状态的字是哪一个？

生：媚。

师：非常准确，黑板上有两个字都是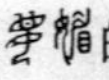的繁体，你看这上面有一个眼睛，这个“媚”字啊，它的原始意义是女子很好看，很漂亮，因为文字是在男权社会确立之后出现的，男子掌握了社会的控制权，“女子一定要依附于我，好看的，我看得顺眼的，欣赏！”因此由这个“媚”字隐喻成什么意义呢？向男子讨好、巴结，所以我们现在“媚”的意义一般是“讨好”。

官员与皇帝玩蟋蟀本没有什么关系啊，皇帝玩蟋蟀，陕西也不出产蟋蟀，但是这个官员却不这样认为，他说“我一定要搞个蟋蟀献给皇上”。那么为什么会出现这种情况呢？这就取决于官员的人生状态，也就是这个“媚”字，讨好、媚上成为官员的一种生存方式，或者说生存状态，之后才会出现这样的结果。因此中国古代官员的主要本事就在于要有讨好的本领，这是不是一种隐喻啊？在那个年代，没有讨好的本事别想做官，自古而然。

官员对于皇帝“媚上”，对于下层的平民采取的是什么态度啊？这时可不再是“媚”了，他们只媚上的，对于下层人们他是一种什么手段？把关键词找出来。

生：责。

师：对，责！“杖至百，两股间脓血流离，并虫亦不能行捉矣。”对上是和珅啊，对下就是泰森（美国拳王）啊，出拳凶狠啊，口里讲的是孔繁森啊，实际上是王宝森（腐败分子）啊！

生：（笑）

师：这就是官员。不只是官员在活动啊，还有一种人在活动啊，不过这种人活动是被动的，那么还有谁被牵连进去了呢？

生（张一驰）：百姓。

师：百姓，这个范围太大，具体的是什么人？

生（张一驰）：游侠儿。

（全班笑）

师：比游侠儿更惨的是谁呀？

生（刘若文）：是一些穷苦的劳动人民。

（全班笑）

师：那当然是穷苦的劳动人民，那时读书多苦呀，比我们现在的高考还要苦，“久不售”啊，这个人是一个什么人啊？成名！（学生齐声，老师板书）一个“操童子业，久不售”的很苦很苦的读书人啊，二十多岁了，婚都结了，儿子都9岁了，还没有考上啊，你们想想看，还没考上大学，这个人也被牵连进去了，他的特点啊，课本上用了几个经典的词来概括，他是一个什么样的人啊？

生：为人迂讷。

师：“为人迂讷”，非常好，这个“迂讷”是说他非常忠厚、憨厚，不善言辞，话都讲不到几句的这么一个人，但是被牵连进去以后，这意味着他的整个生活发生了翻天覆地的变化，意味着他的一生发生了逆转啊，最后转成什么样了呢？你们把关键词找出来。他被官员盯上以后啊，发生了什么变化？

生（唐晶）：不中岁，薄产累进。

师：“不中岁，薄产累进。”无所赔偿，忧闷欲死，我们来抓一个关键字形容他的人生境况，这个字谁认得？悶（黑板上的这个字为“闷”字的繁体形式）

生：闷。

师：对了，“闷”字，非常准确！成名的人生境况是“闷”，这个“闷”字从“门”从“心”，也就是心被关在门中，它的意思是没有出路，这个“闷”字，我考察在中文里面啊，长期用来表达两种情况：一个是心灵没有出路，苦闷，《说文解字》说：“闷”字懑也，段玉裁又说：心闷者，烦也。是愤懑，是心烦，使心里烦躁不安，内心没有出路，而且这个“闷”字老子非常喜欢用，在老子的《道德经》里面常常用“闷”这个字来形容中国政治的特点，他说：“其政，闷闷；其名，淳淳。”是指中国的政治混乱不堪，因此叫“闷”。这个“闷”字暗示中国文化背景下的人心灵上没有出路，政治上没有出路，处在黑暗的境况。

师：你们看这个老实人，这个善良的读书人被牵连进去之后，变成了忧闷欲死者，而且，还有一个字“惟”(板书),“惟思自尽”的这个“惟”字就是“只有”的意思，表示他已经别无选择了。这个故事的一开头已经构成了一种隐喻，隐喻什么?

隐喻一种善良的人在被官府盯上以后，他就死定了。人是不能主宰自己的命运的，尤其是善良的人，当然这只发生在封建专制的背景之下，寓意善良的人更容易被人控制，恶人反而自由更大，中国古代权利化社会有几大特点，我曾经在我的政治学笔记中讲过，四大特点：一是非知识化；二是非智慧化；三是非人性化；四是官本位无所不在。

我们再来研究这两个字（指黑板上板书的“媚”和“闷”这两个繁体字)，官员不仅是“媚”，而且还具有什么样的特点呀？滑黠（板书)，我们用这两个字来形容官员，这个滑黠是什么意思呢？我们一起来研究一下。这个“滑”本来是“扰乱、作乱”的意思，后来专门来形容人的狡猾和狡诈，它在古代多用来形容两种人，经过我的搜索发现：一种是狡猾的商人，另一种就是官员。大家看一下这样的几个词啊，“猾商奸人”、“豪桀大猾”、“海内贪滑”、“猾吏”、“猾乱”、“滑贼”、“滑伯”。

（全班笑，因为班上有个同学名叫华博，后考上清华大学，特注）

师： 这个“黠”啊，它的本意是小聪明，因为中国人一般没有大智慧，都只有小聪明，所以我要你们杜绝小聪明，生成大智慧，这话讲得是很沉重的啊!“黠”也有“狡猾”的意思，它在文言文中经常用来形容强盗，形容敌人，《后汉书》里面说“黠虏困迫，必求其助”。《三国志》里面讲“贼有黠数，其来必矣”。可见官员啊，他的特点就是“狡猾、奸诈”。

有了这样的一个背景，成名的悲剧意味着是有必然性的了，有一个掠夺性的体制作为背景，在中国古代啊，权力主要是用来掠夺，用《官场现形记》里的话讲就是：民脂民膏，任情剥削。它不是为了平衡社会的机制，西方社会三大社会构建机制诸如社会公平、正义和秩序，它一点都没有涉及。

好，下面我们看到，“成有子九岁”，请一个同学来把这一段的情节和情感的变化读出来，从“成有子九岁”到“思试之斗以觇之”。

生（冯思敏）： 成有子九岁，窥父不在，窃发盆。虫跃踯径出，迅不可捉。及扑入手，已股落腹裂，斯须就毙。儿惧，啼告母。母闻之，面色灰死，大惊曰：“业根，死期至矣！而翁归，自与汝复算耳！”儿涕而去。

未几，成归，闻妻言，如被冰雪。怒索儿，儿渺然不知所往。既而得其尸于井，因而化怒为悲，抢呼欲绝。夫妻向隅，茅舍无烟，相对默然，不复聊赖。日将暮，取儿稿葬，近抚之，气息惙然。喜置榻上，半夜复苏。夫妻心稍慰。但儿神气痴木，奄奄思睡。成顾蟋蟀笼虚，则气断声吞，亦不复以儿为念。自昏达曙，目不交睫。东曦既驾，僵卧长愁。忽闻门外虫鸣，惊起觇视，虫宛然尚在。喜而捕之。一鸣辄跃去，行且速。覆之以掌，虚若无物；手裁举，则又超忽而跃。急趋之，折过墙隅，迷其所在。徘徊四顾，见虫伏壁上。审谛之，短小，黑赤色，顿非前物。成以其小，劣之。惟彷徨瞻顾，寻所逐者。壁上小虫忽跃落襟袖间。视之，形若土狗，梅花翅，方首，长胫，意似良。喜而收之。将献公堂，惴惴恐不当意，思试之斗以觇之。

生（齐）：（鼓掌）

师： 这里人物是由喜到悲，又由悲到喜啊！我们看接下来发生了什么？成名的儿子9岁，天真活泼，富有童心，而且尤其值得赞赏的是他非常具有好奇心，这正是智慧的特征。哎呀，可是却非常不幸，成名的儿子生在那样的一个背景下，生在那样的一个家庭里，正在他的家庭经历痛苦和磨难的时候。

难道成名的儿子非跳井不可吗？他有别的办法逃避这次劫难吗？我在文章里面写了这样的一段话，（指发表在《中学语文》杂志上关于《促织》这篇课文的文章）“我不禁要问，成名九岁的儿子何罪之有啊？竟至于没命，假如这一只蟋蟀不附带如此沉重的社会信息的话，这个充满好奇心、童心未泯的孩子说不定会成为一个法布尔似的昆虫学家呢，而他可悲地生在了一个专制奴役的社会，他又多么不识趣地玩了一场多么沉重的游戏——以生命为代价的残酷游戏，谁之罪？天呼？地呼？人呼？社会呼？"

这里我们看到整个专制社会背景下智慧被扼杀的过程，更看到人是怎么被吞噬的过程，讨论这个问题：成名的儿子有没有可能以不跳井的方式来躲过这一劫难，讨论半分钟。

生（蒋必胜）： 我觉得这个是不太现实的，如果他不跳井的话，由于这个罪是比较大的，对这个社会来说，他的父亲母亲必然会被官府迫害致死，"覆巢之下，岂有完卵"，他自己的生命也得不到保全。

师： 太精彩了，你说得非常好！这个孩子听了他母亲的话之后啊，主动去跳了井，这个母亲本该是温柔的，是慈爱的，本应该对儿子进行安慰，"不就是一个蟋蟀，算什么啊?！再去抓一只不就得了"。但是这位母亲的话却话里有话，有哪位同学站起来为大家模仿一下这位凶狠的母亲，把她说的话读一下。大家推荐一下，推荐一名女同学。

生（罗妍）： 业根，死期至矣！而翁归，自与汝复算耳！

师： 非常好！他母亲这个话呀，给了9岁的小成名以什么样的暗示呢？意味着他将面临比死还要严重的后果，也就是说："你父亲回来以后啊，你可能会面临非常惨重的家庭暴力，（全班笑）所以你自己想想看吧。"有人把"而翁归，自与汝复算耳！"翻译成"你爸爸回来了自然会给你算账的啊"。我觉得不好。"你的老子回来，看他怎么收拾你。"应该是这样的。

哎呀，是什么使一个温柔善良的母亲变成一个凶神恶煞的魔鬼？是什么把本应该慈爱温柔的安慰变成了一个阎王爷的怒吼呢？我们看到了成名夫妇在孩子面前的强大压力，是社会压力的结果，是生存压力的结果，成名的妻子在这里面临着艰难的心灵选择，是爱护儿子还是选择生存？她毅然决然地选择了牺牲儿子，责骂他。

这个地方的情节暗示了每一位无辜者皆有成为牺牲品的可

能，这是第二层隐喻。所以我在文章中写道："在专制奴役的背景下，谁都可能成为牺牲品！正所谓，天网恢恢也！不过是这张网不是法网，而是皇权之网，在皇权的网罗之下，人的生存困境正表现为：无辜受害，在劫难逃。"

这就是它的本质，小说不仅是研究故事，更要研究它的背后。法国著名作家加缪——1957 年的诺贝尔文学奖获得者，他说："小说研究的不是故事，而是揭示社会和人生的荒诞性。"米兰·昆德拉写了一本《小说的艺术》，他在上面说："小说研究的不是现实，而是研究存在，是对存在意义的探索。"中国古代有很多精彩的故事，但是都不能成为文学名著，我们的社会天天都在发生《悲惨世界》一样的故事，却没有一本《悲惨世界》那样的名著，原因就在于哲学上达不到名著的高度。

师：好，我们看后面，正当成名处在人生绝望的关键时刻，又好像出现了转机，"忽闻门外虫鸣，惊起觇视，虫宛然尚在"。捉虫有希望了，而且这个虫子跟以前的虫子不一样，主动跳到他的襟袖间，好像要告诉他："我就是你要捉的虫子啊。"果然这不是一只平常的虫子，这个地方作者用了极其夸张的手法，写这只蟋蟀的本领特大，连鸡都不怕，而且鸡还斗不赢它。他如此夸大蟋蟀的神奇本领是为了说明什么？

生（华博）：我觉得他的主要目的是要把整个故事推向一个高潮。

师：把故事情节推向高潮，推向一个什么样的高潮？

生（华博）：就是说鸡没有这个蟋蟀强。

师：正确，他确实是为了把故事推向一个高潮，他是为了突出这个虫子不是一只简单的虫子，它简直就不是一只虫子啊，是谁变的啊？

是一个人啊！成名的儿子啊！（板书"人"）故事到这里已经揭示了内涵，天子游戏的本质是游戏什么？游戏的是人啊，而不是游戏虫子。它简直就是一个精灵嘛，果然不是一只虫子，它是人变的嘛。（笑）

我写了一首诗来咏叹这件事情，这是好多年前写的一首诗，这叫做有诗为证！

云谲波诡变态中，
癫狂世相与人同。
天地万物归戏赏，
人命起伏皆随虫。

人的命运是不是随着虫子的变化而变化？皇帝玩的是谁啊？是人！黄宗羲在《原君》里探索出封建君主的本质，写得真是好：所谓君主是什么意思啊？君主就是“掠天下之财物，奉一人之淫乐”。在中国古代有多少人能认识到封建专制的本质特征的呢？所以故事到这里已经有第三层意蕴：皇帝游戏的本质是人！

而且，它的深刻意义还在于整个社会陷入互相奴役的循环之中，皇帝玩人，人又在玩虫，互相循环，所以在专制奴役的背景下，人只是手段，虫是目的，人权不如虫权，人虫共舞，人虫共同被游戏，连皇帝也在被下官游戏，整个社会陷入互相欺骗、互为奴役的循环之中，谁都是受害者。封建时期的皇帝有的就悟出过这个问题，也是很无奈的，嘉庆皇帝就写了这么一首诗，他说：“你们这些大臣天天说对我报恩啊，为国家江山社稷考虑啊，我看你们都是瞎说，在骗我。”有诗为证：

内外诸臣尽紫袍，何人肯与朕分劳。
玉杯饮尽千家血，银烛烧残百姓膏。
天泪落时人泪落，歌声高处哭声高。
平时漫说君恩重，辜负君恩是尔曹！

但丁《飨宴篇》里说：“诗是寓言，它披上故事的外衣遮掩着自己，它是在美丽的虚构下藏着的真理！”嘉庆皇帝认识到他陷入了巨大的困惑与无奈之中，他陷入了一种相互欺骗的文化之中，这种文化连他皇帝都无法改变，也无力改变！就是你们愚弄我，我愚弄你，这是一个循环系统。好可怕啊！到这里我们发现了整个故事的最深沉的隐喻。

说蒲松龄是中国小说界的先驱，其意义还在于他使用了荒诞的形式，揭示了人生与社会的荒诞性！著名的西班牙的画家毕加索说过这样一句经典的话，“艺术就是谎言，是让我们认识真理、接近真理的谎言！”为什么说艺术是谎言？一切伟大的艺术都好像是荒诞不经的，个人感觉都不是真实的，这一点中外的文艺理论家多有论述。20世纪整个文艺理论就是围绕艺术与谎言这个话题来展开，你们看人变虫子这是可能的吗？人变蟋蟀是可能的吗？

生： 不可能。

师： 不可能，的确是不可能，但是读了这个故事，我们感觉不是荒诞，而是艺术背后的真实，是一种心灵的震撼，作者正是要借这样一个荒诞不经的故事来告诉我们一个文化真实（板书“探索文化真实”），这个“文化真实”就是专制奴役的本质，互为奴役的这种本质。这个荒诞的故事却有真实的内涵，这个喜剧的结局却给人以悲剧的震撼，我们读了这个故事结尾部分“不数岁，田百顷，楼阁万椽，牛羊蹄躈各千计；一出门，裘马过世家焉”并不觉得高兴啊，我们高兴不起来，为什么高兴不起来？这实在是惨绝人寰的大悲剧。

云南大学艺术学院有个叫李森的教授，他专门研究卡夫卡，很有成就，他说了这样一句令我惊讶的话：“卡夫卡死后，再没有人变成过一只像样的甲壳虫了！”而我要发出同样的感叹：“蒲松龄死后，中国也再没有人变成过一只像样的蟋蟀了！”

整理：文艳艳

其人虽已没，千载有余情

——《荆轲刺秦王》课堂实录

点评：孙绍振　授课：文勇

◎孙绍振点评：

这一课讲得有特点，没有像一般课堂上那样在文本的文句上辨析，而是从思想境界上拓展。从美国的独立宣言讲到《论语》中的名句，再到砚台的典故的变迁，引出几代民族英雄的献身故事，这样的讲法，本来是很冒险的，最大的险处就是散漫，然而文勇将之集中在孔夫子的一个铭言中。这样，在思想境界上放得开，在课堂思维上又收得拢，这就叫做开合自如。这首先得力于文勇的学识，其次，也得力于他成功地激起学生的想像，正是因为如此，他才敢于把这么丰富的思想，放在本来是毫不相干的故事中，他的功夫全在不着痕迹地串连，这种串连，得力于思想脉络的单纯，说得形象一点，就是金线穿珍珠。有了这样雄厚的思想背景，进入文本，把握其基本观念就水到渠成了。例如，关于义，关于气节，关于为了许诺而献身的精神，就显得不是意气用事了。文勇，真是有勇气的，他摆脱了目前课堂上不断提问的流行模式，坚定地以讲授为主，从容地在逻辑上，作系统的展开。难能可贵的是，这样的讲授方式也激起了学生的思维活力，形成了货真价实的平等对话，以下一段很值得重视：

生（叶芊）：我有点不同意老师的观点，老师说“刺杀成功也得死，刺杀不成功也得死”，但我们在课本中前面部分可以看到荆轲在等人，“仆所以留者，待吾客与俱”。“今日往而不反者，竖子也！”这就是说就荆轲本人来讲，他觉得还是有一定的可能活着回来的，而且春秋历史上也有过要挟君王定下盟约，然后活着回来的，所以说荆轲并不是慷慨赴死而去的。这里的悲壮色彩在于他是以一己之力，他只是一个刺客，以自己渺小的力量与秦国这样一台巨大的国家机器对抗，在朝堂之上，用一把匕首刺杀秦王，这个以卵击石的态度是很悲壮的。

师：对，以一己之力去对抗强秦。

生（叶芊）：他为了使整个燕国能够存活下来强行刺杀秦王，这一点是很悲壮的，并不是所谓的慷慨赴死的。

师：大家说这个同学说的有没有道理呀？掌声！

生：（热烈掌声）

师：这个同学对历史的看法有独到的地方，但是与我们这里讲的并不矛盾。为什么不矛盾？荆轲他说了，“我”初想的是把秦王活捉，然后让他跟燕王签盟约。这当然是美好的愿望。但是必须做好不成功的准备，事实上就是不成功的。

生（叶芊）：而是因为荆轲后来失败了，我觉得是因为荆轲的死使这件事具有了悲壮色彩。

师：好的，你说的非常有道理啊。我们课后还可以继续讨论这个问题。我个人认为荆轲的行为本身具有悲壮色彩，你说的是他的死使他具有了悲剧色彩，这没有根本的冲突。

第二点，这次行为负载了另外的文化意义。那就是信义和责任。承诺过的东西就一定要兑现。

第三点，他感人的就是一诺千金的文化精神。（这三点内容显示在 PPT 第十页）

这样的交流，不但是平等的，而且是有深度的，而深度恰恰是对话的生命所系，这种境界正是许多有出息的教师心向往之的。许多失败的对话，之所以没有生命，就是因为没有深度。要达到这种深度，除了在学养上长期下苦工夫以外，我想没有什么捷径！

师：上课！

生（齐）：老师好！

师：同学们好！请坐！

《荆轲刺秦王》我们已经“刺”了几节课了，今天我们要完成一个研究性学习任务，这个任务比平时要重，就是课后还要大家写论文。最近我在看美国的高中语文教材，它不像我们这样出很多基础性的练习题，但是它有大量的研究性作业。读了杰弗逊总统的《独立宣言》，就是那个讲人人生而平等，天赋人权的那个著名的宣言，他的课后作业是：在什么时候一个政府应该被废除？读了托马斯·潘恩的《美国的危机》后要求中学生给所在学校写一个建议——怎么改进我们的学校，这就是他们的作业。我们今天模仿和尝试一下，用这种研究性的内容来深化我们对课本的学习，这也是新的课改给我们提出来的具有挑战性的任务。因此请大家看题目——以《荆轲刺秦王》为例，师生合作探究、从课内向课外延伸、从语文学习到文化传播拓展地研究个案（这一课题在PPT首页上显示）。

师：这是我们的尝试，希望大家从中得到乐趣。现在我们来研究一个问题：文化精神是怎么传承的？

请看《论语·阳货》里面的一句名言：“不曰坚乎？磨而不磷；不曰白乎？涅而不缁。”（打开PPT第2页）

这句名言背后有一个故事。有一天孔子接到一个人的邀请，大概准备去辅助他，这个人被认为——尤其是被孔子年龄最长的一个学生子路认为——是一个坏人，他是一个小诸侯的府臣，准备发动叛乱，这个春秋战国时代啊，很多府臣，就是我们所说的家臣，好比我们大地主的管家，把地主给干掉了，自己把他的财产吞并了一样。那个人叫什么名字呢？请大家看黑板上面，叫做佛肸（音：bìxī）。

子路对孔子的严厉批评是这样的：“老师啊，你平时给我们讲不要跟坏人在一起，你自己却要去见坏人，你这不是出尔反尔吗？你身为老师却言行不一致啊！这怎么行？”孔子于是就讲了这么一段话：“不曰坚乎？磨而不磷；不曰白乎？涅而不缁。”这个磷，就是“厚薄”的“薄”的意思；涅，黑色染料；缁，即黑色，意思是说：最坚硬的物品是磨不薄的，最洁白的品格是染不黑的。大家把这句名言记下来。

自从孔子讲了这句话以后，中国文化史上，中国的历史上涌现了很多英雄，他们的精神源头在哪里呢？就是在这句话里面。

魏晋时期的何晏解释说：“言至坚者磨而不薄，至白者染而不黑。君子虽在浊乱，浊乱不能污。”处在乱世，不能污染自己的品格。那么我们今天讲这一课，要大家研究的就是与人格、与文化精神相关联的。

到了南宋，著名的民族英雄岳飞，他非常喜欢《论语》里面的这句话。他制作了一方砚台，就是古代写毛笔字的那种砚台，在砚台上刻了八个字作为自己的座右铭，是：坚持、守白、不磷、不缁（岳飞的八字座右铭显示在PPT第3页）。表达的是自己在无论多么艰难的环境下，一定要坚守自己品格的意思，岳飞最后屈死在风波亭上，没有改变自己的节操，他的精神鼓舞了很多人。

岳飞死了以后，他的这方砚台，落到了另外一个民族英雄的手里，这个民族英雄在历史上特别的有气节，他叫谢枋得。史书上记载说，这个人“为人豪爽，每观书五行俱下，一览终生不忘。性好直言，一与人论古今治乱国家事，必掀髯抵几，跳跃自奋，以忠义自任”(以上记载也显示在PPT第3页)。而且他还写了一副座右铭式的对联，这副对联是非常经典的，请大家记下来，他说:“万古纲常担上肩，脊梁铁硬对皇天。”(以上对联也显示在PPT第3页）这告诉我们：这个——人啊，一定要坚守节操，要有品格！

当初，元军打过江南之后，谢枋得私自带领自己组织的部队抗击元军，后来实在没有办法，逃到山中，元人统治了中华大地之后，鉴于他的名气太大，要把他抓出来做官，以安抚天下的文人，意思是连谢枋得这样的人都出来为新朝所用了，你们谁敢不出来啊？谢枋得当时没有办法被抓到了现在的北京——元朝的都城，当时叫大都，把他关在法源寺里面，结果他绝食而死，坚决不做你新朝的官，表现了一代民族英雄的气节。

谢枋得拿到岳飞的那方砚台以后，交给了他非常好的朋友——文天祥，因为他跟文天祥都是江西人，两个人一起参加科举考试，关系非常的好，就是知音，就像你们现在这么大的时候，他们就在一起，因此两个人的品格也就非常接近。

文天祥得到这方砚台以后，又在砚台上面写了这么三句话："砚虽非铁磨难穿，心虽非石如其坚，守之弗失道自全。"（以上内容也显示在PPT第3页）文天祥的品格，文天祥作为民族英雄的影响，这里我就不用多讲了。

师：《论语》里面的这句话，孔子随便讲的这句话，我们可以看出它哺育了一代代的民族英雄。

到了明代，大诗人于谦写《石灰吟》写到这样的诗句："粉身碎骨浑不怕，要留清白在人间。"（以上诗句也显示在PPT第3页）大家觉得这个里面传承了一种什么精神没有啊？为什么要留清白在人间啊？

师：好，这位同学你说说。

生：感觉到他把气节看得比自己的生命还重要！

师：嗯，文人把气节看得比生命还重要，就有这个精神在里面，这位同学回答得非常好！

这是我今天讲课的一个例子，告诉大家文化精神是怎么传承的。因为我积极主张："教育是文化传播的过程。"（这句话板书在黑板上）

我们今天的教育，离这个经典的目标已经很遥远了。同学们在教室里做了很多练习，很累，但是与文化传播的关系不是很大，这是我们应该反思的问题啊。

师：下面看文老师写的一段话："在中华民族的精神文化史上，有很多志士仁人，勇士英雄用鲜血和生命铸就了很多可歌可泣的、令人荡气回肠的辉煌篇章！到今天，这些曾经辉煌的人生场景虽然已经被历史的烟尘渐渐湮没，但他们的精神却被直接传承了下来，并且凝聚成了一个个精神符号，这就是我们今天读到的那些经典的成语，比如："杀身成仁，舍生取义"，"悲歌易水"，"义薄云天"，"殉义成名"，"一诺千金"，"以命承诺"，"义不容辞"……（以上这段话显示在 PPT 第 4 页）

我这里要强调的是：这些成语都是我们的先人，那些英雄们，用带血的头颅写成的，今天我们看它只是一个成语，我们要回到历史的现场，它就是一场轰轰烈烈的大行动。

师：我们学了《荆轲刺秦王》的故事，就应该反思一下自己，我们身上还有荆轲的精神吗？作家张承志先生面对荆轲刺秦王这件事，他这样写道："独自静静读着荆轲的纪事，人会忍不住地想：我难道还能如此忍受吗？如此庸庸碌碌的我还算一个人吗？在关口到来的时候我敢让自己也流哪怕是一滴血吗？"谁还有这样的勇气呢？于是张承志先生浩然长叹："易水枯竭，时代变了。"（以上张承志先生的这段话也显示在 PPT 第 4 页）

师：文老师今天也发出沉重的感叹：这个时代确实变了！德国著名的诗人海涅曾经在诗里面这样唱道："换一个时代，换一批鸟；换一批鸟，换一种歌声。"今天我们唱的歌已经不是英雄的赞歌，不是人格与气节的赞歌，更多的是世俗味儿很浓的那种娱乐消遣的歌，那种肤浅的爱的歌，是不是？所以我们今天面对荆轲，应该拷问一些我们自己的灵魂，问一问我们做人的节操，这就是我们今天要讨论的核心话题：勇士的气节与荆轲形象的文化内涵。（这句话单独显示在 PPT 第 5 页）

好，记下来，这也是我们研究的题目，也是要大家写作文的题目。

师：先给大家介绍一点别的，文老师讲课喜欢撒野啊，讲另外一个勇士的故事，也许大家很感兴趣。这个勇士叫豫让，他是晋国人，曾经做过范氏及中行氏的门客，遭到冷遇。后来到了一个小诸侯王智伯那里去做门客，智伯特别尊崇他，把他当知音，后来智伯跟赵襄子发生了生死矛盾，智伯被赵襄子联合韩、魏给灭掉了，而且灭得很残酷。赵襄子把智伯的头盖骨做成了酒杯，赵襄子经常请朋友喝酒时，就把这个酒杯拿出来跟大家敬酒，“你看看，智伯跟我作对的好处啊”。敬大家喝酒。（豫让的故事以文言文的文本形式显示在 PPT 上）。

后来康熙皇帝也学这一招，康熙皇帝非常憎恨贪官污吏，尤其是那些受贿的，他把贪官污吏的头盖骨拿来做成烟灰缸，放在桌子上面。还有一个皇帝把贪官污吏的人皮剥下来，制成一个皮袋子放在走廊里面。

智伯被灭了以后啊，豫让就说，自己要给他报仇，他讲出了两句经典的话：“士为知己者死，女为悦己者容。”这大家熟悉，他说：“今智伯知我，我必为报仇而死，以报智伯，则吾魂魄不愧矣。”（以上两句在 PPT 中加粗加色以突出）大家把这句话记下来。

这样我的灵魂才会感到安宁，不然的话我就会愧对我的良心，“吾魂魄不愧矣”，人要对得起自己的良心，不管干什么事情，豫让说自己一定要对得起自己的良心，一定要为智伯而死，因为他最了解“我”，最尊重“我”。于是豫让就把自己打扮成一个受过刑罚的人，因为只有受过刑罚的人才能进入赵襄子的厕所，为他扫厕所，豫让就藏在厕所里面，结果，由于赵襄子这个人很精明，他知道自己在乱世结仇很多，连上厕所都带着两个警卫，豫让隐藏在厕所底下，被他的两个警卫发现了，把他捉出来了。捉出来后，赵襄子把情况问清楚了，豫让说：“我是为智伯报仇的，目的就是刺杀你。”这个赵襄子说：“了不起啊！义士，你是个义士，我很敬佩你啊，但是，刺杀我，你是妄想，你是刺杀不了的！”

于是赵襄子就把豫让放了，放了之后，豫让又想了一个办法，先是把自己用一种油漆，就是树上的那种油漆啊，很厉害的那一种，把皮肤全部搞成赖疮疤的那种样子，连他老婆都认不得，就是我们现在称作的整容手术，把脸的皮换掉，然后“吞炭为哑”，吞木炭把声音弄哑，就是讲话也不像一个正常人了，这样再潜伏在赵襄子出入的一个桥底下，不知道是上帝安排呢，还是什么原因，赵襄子还没有走到桥上时，他的马已经有感觉，受了惊，跳起来了，赵襄子也敏感起来，心想绝对是豫让又来刺杀“我”的。于是派他的武士一搜查，果然就是豫让。搜查出来以后呢，豫让讲了这么一段经典的话：“你知道我要刺杀你的嘛，很明白嘛，但是我们讲清楚啊，‘明主不掩人之美’，你是一个堂堂正正的王的话，就不要掩盖我的美德，‘而忠臣有死名之义’，我也有为我的主人去死的义务，我是一定要刺杀你的，直到我的生命结束为止，很清楚！”这样，赵襄子就允许他提一个条件，因为这一次豫让刺杀计划又没有成功，照样被捉住了，那就没有办法了。赵襄子说：“我第一次放了你已经算够仁义的了，这次你又刺杀我，那我再也没办法了，不能再放你了。”于是豫让提了一个条件，什么条件呢？“为了让我完成使命，请你把自己的衣服脱下来，我用剑刺三剑，表示我完成任务了，我再死，死而无憾。”

赵襄子这个人很有风度，“我这件衣服虽然是名牌，给你刺了算了”。豫让庄严地表演了一个舞蹈，一个仪式，向赵襄子的衣服发起了冲击，击了三剑，然后自刎而死。古书上这样写道：“伏剑自杀。死之日，赵国志士闻之，皆为涕泣。”连赵襄子手下的人啊，都为他流泪，大家知道一个英雄，死得连你的敌人都对你产生敬畏，这是了不起的英雄！

师：我们抗日战争时期，国民党的将军张自忠战死在沙场，据说日本鬼子全体向他的遗体敬礼，让你的敌人都敬畏你，这是什么力量啊？

生：（思考，低声讨论）

师：大点声音回答，精神的力量，人格的力量，是不是？

现在我们要探讨，他们付出鲜血和生命所要追求的到底是什么？是我们今天的房子和车子吗？他们如此的勇敢，他们的力量来自于哪里呢？把这两个问题记下来，这是没有标准答案的问题，也是文老师回答不清楚的问题，更是需要我们用行动来回答的问题，这是人生的根本问题。他们用鲜血和生命追求的究竟是什么？

黑板上的空有限，文老师还有一句话要写但是没有写的，就是中国古代的这些勇士，这些剑侠啊，他们是一道亮光，他们用带血的头颅，照亮并温暖了中国的历史。今天我们挖掘民族文化里经典的精神财富显得尤为紧迫，因为在一个衰退堕落的时代，一个人们已经没有精神信仰的时代，拯救社会的良方，也许藏在这些经典里面。

一个人快死了，医治也医治不了了，开刀动手术也不行了，还有一个办法，用中药喝一喝，说不定会好起来。而一个人要是在精神上衰败了，无论什么样的医治也是没有用的。也许药就在中药铺里！

师：好，现在请大家看到课文，荆轲出发之前，就已经牺牲掉两个人，这是大家清楚的，燕太子丹最初跟他的老师鞠武商量，说："大军压境，秦军要消灭我们，怎么办呢？"这个鞠武呀，他批评太子丹："你不应该把樊於期将军啊，搞到这里，应该把他流放到匈奴那边去，留在这里是一个巨大的祸害呀，秦王因为憎恨樊於期，而现在……"

但是太子丹这个人很仁义，比较讲义气，还是把樊於期留下来了，于是鞠武就向太子丹推荐了另外一个勇士，叫做田光，田光说："我老了，不行了，我去刺杀秦王，这个任务我完成不了了。"田光向太子丹推荐了荆轲，但是，按照古人之间的不成文的规矩，身为国家谋士，这种国家机密是绝对不能泄露的，一旦泄露了这个国家不就完了吗？所以田光非常坚定地自杀了，把这个计谋献出来之后，他就主动地自杀了，为什么？一是激励燕太子丹，在国家为难之时，在没有别的办法之时，也许用一个偶然的非常的手段会改变历史的进程，而历史往往正好是这样，有这种成功的可能性，所以他就自杀了。

第二个就是我们课本上写到的，樊於期将军，荆轲跟他商量："现在有一个计谋啊，不过对你很残酷，要提你的脑袋。"这个樊於期将军什么态度啊？课本上有一句话叫……

生（齐）："日夜切齿拊心也。"

师："日夜切齿拊心也，乃今得闻教！"遂自刎。要我的脑袋，没问题，给你！！

师：大家看到没有？到这里已经死了两个人，而在荆轲出发之前又爆发了一场争论，是不是？大家来看一下课文，我们一起把这段课文读一遍，“顷之未发”预备齐。

生（齐）：顷之未发，太子迟之，疑其有改悔，乃复请之曰：“日以尽矣，荆卿岂无意哉？丹请先遣秦武阳。”荆轲怒，叱太子曰：“今日往而不反者，竖子也！今提一匕首入不测之强秦，仆所以留者，待吾客与俱。今太子迟之，请辞决矣。”遂发。

师：很好！这里有一个问题，荆轲为什么要跟太子丹吵架呢？而且是发怒，真正的发怒。大家想一下这个问题，荆轲出发之前与燕太子丹发生了激烈的争执，你能看出这其中荆轲的气节与人格吗？

如果是一个交易的话，这个时候应该讲的是价钱啊，“我”现在还需要什么条件啊？燕太子丹作为国王应该尽快满足啊，否则“我不去了，你再找别人吧”。

但是荆轲说，既然你发烦了，去吧！“怒叱太子”，荆轲在这里想要表达的是什么，请个同学起来说说。

（郑一鸣同学举手了）

师：好，你说一说。

生（郑一鸣）：我觉得荆轲想要表达的就是他刺杀秦王不复返的决心，因为太子丹对他去刺杀秦王这件事“迟之”，以为他迟迟不动身，怀疑他有“改悔”，荆轲就非常愤怒地喝叱太子丹说：“我今天去了是一去不复返的。”表达的是承诺的事情就要不死不方休。

师：承诺的东西就要兑现，是不是？你刚才讲的，表明自己的决心，荆轲有没有决心去刺杀秦王啊？

生：有。

师：有的，但是主要不是决心，第二点郑一鸣讲得很好，承诺过的东西是一定要兑现的。大家请把这句话记下来。荆轲这个时候完全是为了承诺和诺言在战斗，为了表达自己的人格来战斗（以上一句话显示在 PPT 第 9 页）。

“你不是怀疑我吗？人最受不了的就是受到别人的怀疑，因为我不是有‘改悔’这样的低级想法的人，受不了这种怀疑，不就是去死吗？死对我来说是无所谓的，但是你怀疑我，我是受不了的。这就是什么？”

生：气节。

师：气节。勇士的气节。

师：下面我们来看《荆轲刺秦王》历来感动人的“易水送别”这个场面，可以说感动千古，后人写诗无数，歌颂这个场面，“易水悲歌歇，秦庭侠骨香”，它何以有穿越时空的力量？（以上两句诗显示在 PPT 第 10 页）

我们一起来研究易水送别的这个场面，发掘它蕴含的文化意义，请大家把这一段齐读一遍，“太子及宾客知其事者，皆白衣冠以送之”。一起读！

生（齐）：太子及宾客知其事者，皆白衣冠以送之。至易水上，既祖，取道。高渐离击筑，荆轲和而歌，为变徵之声，士皆垂泪涕泣。又前而为歌曰：“风萧萧兮易水寒，壮士一去兮不复还。”复为慷慨羽声，士皆瞋目，发尽上指冠。于是荆轲遂就车而去，终已不顾。

师：“风萧萧兮易水寒，壮士一去兮不复还。”在中国历史上，这两句歌词温暖激励了多少人，它为什么会有这种穿越时空的力量呢？你们发现这里面有几个怎样的因素使这幅画面具有震撼人心的力量？大家讨论讨论，然后回答。

师：想好的同学请举手。举手回答，好，这位同学。

生（侯玉玲）：荆轲如果刺杀秦王成功的话，也会死，刺杀秦王不成功也会死。反正对他个人来说就是死路一条。但他依然要去，所以从两个方面来看：一方面就他个人方面来说，他是为了国家，也是为了义气而死，从第二个方面来看，这个场景很感人在于它周围的人们为他送行，与他同仇敌忾，同怒同悲。在我们现在这个时代，如果有某个人要跳水，要去自杀，要去死，社会上会引起这么大的反响吗？这件事会不了了之，人们会认为这件事没有什么大不了的。但是，在这个场景中却有这么多的人为荆轲而感到悲哀，这真的很让人感动。

师：很让人感动，很让人震撼。这位同学说得很深刻啊，大家来点掌声！

生：（掌声）

师：她说出了荆轲一个很重要的品质，也说出了荆轲这一类勇士的一个重要品质。比生命更重要的是什么？是义，“义气”的“义”，这个同学说得非常准确。所谓义士，舍身取义，他把“义”看做是生命的另外一个本质，最重要的一个本质。“义”这个字在中文里最早的意思就是“合乎正义的行为和事情”、“合理的主张与思想”“美、善、恩情”等，所谓“义”就是强调做人要循正道！我们今天有些人把什么看做生命的本质？把吃，把吃东西看做最重要的，像猪狗一样的活着，因此出现了那么多溜须拍马、不讲人格的事情，不讲原则，没有内心的原则。做人是要有原则的！

师：我觉得有这么几点值得大家去揣摩，第一，荆轲行为本身的悲壮色彩，刚才这位同学讲了，刺杀成功也是死，不成功也得死，“反正我这次去是不会回来了”，悲壮！

生（叶芊）：我有点不同意老师的观点，老师说“刺杀成功也得死，刺杀不成功也得死”，但我们在课本中前面部分可以看到荆轲在等人，“仆所以留者，待吾客与俱”，“今日往而不反者，竖子也！”这就是说就荆轲本人来讲，他觉得还是有一定的可能活着回来的，而且春秋历史上也有过要挟君王定下盟约，然后活着回来的，所以说荆轲并不是慷慨赴死而去的。这里的悲壮色彩在于他是以一己之力，他只是一个刺客，以自己渺小的力量与秦国这样一台巨大的国家机器对抗，在朝堂之上，用一把匕首刺杀整个秦国最枢纽的秦王，这个以卵击石的态度是很悲壮的。

师：对，以一己之力去对抗强秦。

生（叶芊）：他为了使整个燕国能够存活下来强行刺杀秦王，这一点是很悲壮的，并不是所谓的慷慨赴死的。

师：大家说这个同学说得有没有道理呀？掌声！

生（叶芊）：（掌声）

师：这个同学对历史的看法有独到的地方，但是与我们这里讲的并不矛盾。为什么不矛盾？荆轲他说了，“我”初想的是把秦王活捉，然后让他跟燕王签盟约。这当然是美好的愿望。但是必须做好不成功的准备，事实上就是不成功的。历史上就有人写诗讥讽过燕太子丹，明代诗人何景明的《易水行》：“寒风夕吹易水波，渐离击筑荆卿歌。白衣洒泪当祖路。日落登车去不顾。秦王殿上开地图，舞阳色沮哪敢呼。手持匕首掷铜柱，事已不成空骂倨。于嗟乎！燕丹寡谋当灭身，光也自刎何足云，惜哉枉杀樊将军！”

生（叶芊）：而是因为荆轲后来失败了，我觉得是因为荆轲的死使这件事具有了悲壮色彩。

师：好的，你说的非常有道理！我们课后还可以继续讨论这个问题。我个人认为荆轲的行为本身具有悲壮色彩，你说的是他的死使他具有了悲剧色彩，这没有根本的冲突。

第二点，这次行为负载了另外的文化意义。那就是信义和责任。承诺过的东西就一定要兑现。

第三点，他感人的就是一诺千金的文化精神。（这三点内容显示在 PPT 第 10 页）

请这位同学把你的观点写在札记本上，我们还可以就这个问题再深入研究一下，或许对我们大家都有启发。

师：同学们，现在我们还有一个问题要研究，荆轲还有一个朋友也在这个送别之列，这个朋友叫什么呢？

生（齐）：高渐离。

师：高渐离背后的故事大家知道吗？

生：（低声讨论）

师：看来大家知道一些。荆轲刺秦王失败以后，第五年，公元前 222 年，燕国被秦所灭，秦兼并天下，秦王令人捉拿太子丹和荆轲的朋友高渐离，高渐离就逃到了一个叫宋子的地方，给人家做佣工。一天听到堂上的客人击筑，他批评别人说：“你的筑击得不好。”他很专业，很有水平，于是主人就命他击筑，于是这一击就暴露了他是大音乐家、荆轲的朋友这一身份。后来被秦始皇知道了，秦王就把他召到宫廷里面去，给他击筑，高渐离就用这个筑去击打秦王，想给荆轲报仇，没有成功，秦王把马粪烧燃之后熏瞎了他的眼睛。后来，他又有了第二次机会，因为秦王离不开他的音乐，他就把筑这一乐器里面灌满了铅，又去击打秦始皇，没有打中，被杀掉了。（高渐离的故事以文言文的文本形式显示在 PPT 第 11 页）

由此我们可以看到荆轲刺杀秦王的这个行为并不是一个个体的行为，而是一个群体性的选择，我们看到荆轲的背后站着很多义勇之士，就是和荆轲有同样性格的人，这样的人有很多，那个时代像荆轲那样的英雄很多，不是个别现象。从这里面我们就可以探索出中华民族很宝贵的精神财富出来，是一笔什么样的财富呢？

他们的勇敢，我们认为来自古代清洁的精神，对人格，对人品，对讲义气，对守信用，这样的一些精神的自觉恪守，他们的坚定来自对人格的完美追求，这是一种绝对义勇的精神财富。我们每个星期要唱的国歌，叫什么曲子啊？

生（齐）：《义勇军进行曲》。

师：为什么叫《义勇军进行曲》呢？说明在国难当头，我们要呼唤的是什么？义勇精神！一个民族缺乏了这种义勇精神，它是没有凝聚力，没有战斗力的。我们的国歌就有这种精神回归的强烈呼唤。

海外的学者，著名的诗歌理论评论家，也是中国文化史专家刘若愚，在他写的《中国之侠》中，他总结了中国古代关于侠的八个信念和特征，大家来看，荆轲身上有哪些特征？刘若愚总结的这八个信念和特征是：一是助人为乐，二是公正，三是自由，四是忠于知己，五是勇敢，六是诚实、足以信赖，七是爱惜名誉，八是慷慨、轻财、重义。（以上八个信念和特征显示在 PPT 第 13 页）刘若愚是一个非常有眼光的学者，他对中国的武侠精神总结得很好，你们看在荆轲的身上有哪几种精神？

生（杜雪聪）：我认为在荆轲身上体现的最为突出的精神是勇敢和

爱惜名誉。勇敢在于他敢于对樊於期提出那样的要求，他明知自己去会死，还义不容辞地去完成这个艰巨的任务，爱惜名誉表现在当太子丹怀疑他“迟之”时，他说：“今太子迟之，请辞决矣。遂发。”

师：后面还有一句，“终已不顾”，“不顾”就是什么？绝不回头。回答得非常好，还体现了哪些精神呢？你觉得他还有没有忠于知己？

生（杜雪聪）：我觉得他很重义。

师：重义，足以信赖，是不是？人不可信赖是最糟糕的，你们看过杂技表演吗？那个杂技演员把人甩过去又甩回来，那要换了我，我是不敢的，因为“你”不可靠，等到我被甩过去再甩过来的时候，“你”不接我咋办呢？那我不死定了。（笑）

对方是可靠的，这个社会才是温暖的，要是对方不可靠，那问题就大了，我们当今社会最大的问题来自于对方不可靠。我女儿的爷爷奶奶经常给她讲“不要跟陌生人讲话”，你们看这是什么文化？少跟陌生人讲话意味着陌生人很危险啊，但是我们能避免跟陌生人打交道吗？你去坐一趟飞机，那飞行员是你的亲戚吗？都是陌生人呀。陌生人不可靠意味着我们的社会就没有希望了。

师：有个叫张志东的学者，他在《寒剑飘零》中写了一段经典的话：“受春秋以来仁人勇士的影响和侠客无畏精神的感召，战国诸侠客大多持身谨、持节严，那种爱名誉、急公义、重知音、赴国难的精神，对后世剑侠有着积极的影响，乃至成为他们的精神动力！”（以上一段话显示在 PPT 第 14 页）

这正是中华民族热爱武侠的原因，很多文人身上都有侠客梦啊，下面我们来快速梳理一下这些侠客梦以及其内涵。

先秦剑侠精神如清溪出涧，奔流不息，贯串了中国几千年文明史。建桃源世界，为理想殉节，这是千百年来被人们视作弥足珍贵的大侠精神。这并非那些逞血性之勇，却不顾民生疾苦，不思国家民族命运的好武之徒的作为。大侠精神那种不朽的气节，构建了中华民族精神的重要部分。翻开厚重的历史，

至少有这些线索不容忽视。（以上内容显示在 PPT 第 15 页）

司马迁就是一个带有侠客精神的文人。他在《史记·刺客列传》结尾说："自曹沫至荆轲五人，此其义或成或不成，然其立意皎然，不欺其志，名垂后世，岂妄也哉。"（以上内容也显示在 PPT 第 15 页）"立意皎然"中的"皎然"就是洁白的意思。他们心地是纯洁的，洁白的，"不欺其志"不违背个人的良心，"名垂后世，岂妄也哉"这一点难道是假的吗？

苏辙评价他："太史公行天下，周览四海名山大川，与燕赵间豪俊交游，故其文疏荡，颇有奇气。"（以上内容显示在 PPT 第 16 页）没有豪侠之气，司马迁的文章怎么能写得这么好呢？苏辙是非常了解司马迁的，他总结得很好！

"……岂尝执笔学为如此之文哉？其气充乎其中，而溢乎其貌，动乎其言，而见乎其文，而不自知也。"侠客独立不羁的性格，豪迈跌宕的激情，以及如火如荼飞扬燃烧的生命情调，确实令文弱书生"虽不能至，心向往之"，即使不能"起而行侠"也要"坐而论侠"。（以上内容也显示在 PPT 第 16 页）

千古文人侠客梦，你看很文弱的文人贾岛都写过侠客梦的诗，大家知道贾岛年轻的时候做过和尚，做了很长时间的和尚，他的风格本不是像侠客那样威猛，拔剑出鞘的那种。然而他却写过这样的诗，非常经典啊！

十年磨一剑，
霜刃未曾试。
今日把示君，
谁有不平事？

（以上这首诗显示在 PPT 第 17 页）

大家齐读一遍，大声！"十年磨一剑"读！

生： 十年磨一剑，
霜刃未曾试。
今日把示君，
谁有不平事？

师： 龚自珍，清代著名的文人，他说陶渊明的诗啊，说出了他的心声。陶渊明的诗，我们都觉得平淡，说他是隐逸诗人。但是朱熹却有另外一种看法，我认为朱熹读懂了陶渊明，他说陶渊明的诗皆说是平淡，据我看，是豪放但豪放得来不觉耳，不觉，看不出来。其露出本相者为《咏荆轲》一篇，平淡的人如何能说出这样的言语来啊？他不是一个真正内心平淡的人，而是一个有剑侠精神的人，“提剑出燕京”的人，龚自珍说：

陶渊诗喜说荆轲，
想见《停云》发浩歌。
吟到恩仇心事涌，
江湖侠骨恐无多。

（以上这首诗显示在 PPT 第 18 页）

师： 只可惜今天这种精神已经不多了，把这首诗朗诵一遍，“陶渊诗喜说荆轲”，读！

生： 陶渊诗喜说荆轲，
想见《停云》发浩歌。
吟到恩仇心事涌，
江湖侠骨恐无多。

师： 秋瑾，我们过去瞧不起女流之辈，嘲笑她们说：女人能干出英雄事业吗？但是确有这样的人。我今年暑假特地到绍兴去瞻仰了秋瑾被杀害的地方，叫古轩亭口，就在古轩亭口对面为秋瑾立下了一个白色的塑像。秋瑾从日本回国以后，和徐锡麟约定在浙江两皖同时起义，失败以后，清军三百人到绍兴去抓她，她说：“同志们先走，我一个人在这里。”被捕了。端坐室内不动，死时年仅31岁。

不惜千金买宝刀，
貂裘换酒也堪豪。
一腔热血勤珍重，
洒去犹能化碧涛。

（以上这首诗显示在PPT第17页）

师：剑侠精神，人称“鉴湖女侠”，这就是她写的《对酒》歌。

下面布置一个研究性作业，课外收集有关剑侠田横五百士的资料、阅读《史记·刺客列传》完成一千字的文章，话题：

勇士的气节与荆轲形象的文化影响

（以上这一话题显示在PPT第18页）

师：顺便讲一下田横的故事，田横的故事大家在网上可以搜得到，但是在书店却很少能够找到，田横是一个什么样的人啊？刘邦和项羽在争天下的时候，他在山东齐国一带也自拥为王，很有势力，结果刘邦夺得天下以后，他就被迫逃到海岛上去了，他曾经把刘邦派过去劝说他的谋士郦食，就是讲出那句著名的“民以食为天”的那个人，把他给烹了，煮了。刘邦之所以要派人去请他，是因为刘邦瞧得起他，认为他是个勇士。田横当初答应了，身边带着两个卫士到刘邦这里来，但是他越想越不对劲，“我还是自杀吧”，对两个卫士讲，“把我的头提着去见汉王吧”。刘邦一听说他自杀了，非常惊讶，“果然是勇士！”于是命令以王的礼节来厚葬他，然后加封他的两个卫士为都尉，结果这两个卫士在把田横的尸体埋葬以后，立即也自杀了。

刘邦特别的不理解啊，看来田横的部队所有的人都是义士，于是都把他们召来做官。立即派人去海岛上请了五百个人，结果怎么样？这五百个人纷纷跳海自杀了。

师：抗日战争时期，著名的画家徐悲鸿画了一幅著名的油画，题目就叫做《田横五百士》，大家可以欣赏一下这幅画。最近，徐悲鸿的画，很值钱的，最近就有一幅画拍卖了260万。《田横五百士》用义勇之士的精神来激励中华民族的斗志和勇气。

师：文老师也写了一首《咏荆轲》，哀伤这种精神不在，大家能够看出文老师心中不为人知的情绪和心声吗？我在你们其中寻找知音啊。

齐读一遍文老师的诗，“悲歌易水”，读！

生：

悲歌易水壮千秋，
神光烛火照九州。
秋风不解侠客恨，
江山留与后人愁！

（以上这首诗显示在PPT最后一页）

师：“江山留与后人愁！”这最早是李清照说过的话，李清照觉得后人还会悲哀的，为什么？我们很多伟大的东西正在流失，这个悲哀一直传到今天。“秋风不解侠客恨”，文老师这里表达的意思是什么？侠客的精神品质流失了，希望在我们后代身上去找回来。

师：下课！谢谢大家！

整理：文艳艳

轻轻的我走了

——《再别康桥》课堂实录

点评：孙绍振　授课：文勇

◎孙绍振点评：

文勇上课的好处在于：第一，不拘一格，该对话的时候，彻底平等，让学生的思想活跃起来。但是，他不把希望完全寄托在课堂对话上。该告知的时候，他就大胆讲，哪怕讲上一堂课，也不怕有人说“灌”。问题不在于灌，而在于有没有东西可灌。教师教师，能教才能叫师。这本来是常识，可是把北欧模式的对话绝对化，把事情搞乱了，弄得教师都不敢讲话，不敢纠正，不敢批评学生，这种教条主义，是很愚昧的。文勇的好处，第二，对《再别康桥》的把握堪称准确，基调把握得好，没有受到俗套的干扰，难得的是，循循善诱，让学生一下子感受到这首告别的诗，和中国古典传统的离愁别绪不同。他告别得很潇洒。有些教参文章说，这里有“千重离愁万种别恨”。这是不从文本出发，而是自己早已有了的、现成的观念，离愁别恨，古典诗歌中太权威了，自己的思想就被遮蔽了，先入为主，代替了文本内涵的概括。

语文阅读并不难，只要严格地尊重文本，文本第一，就不难。但是，眼下流行的所谓“理论”，只讲读者主体，把学生主体绝对化，造成了课堂上奇谈怪论满天飞，歪曲文本。从理论上来说，这是跛脚的。因为，读者主体并不是绝对自由的，而是要受到作者主体和文本主体的制约的。文勇在进入《再别康桥》文本之前，讲了那么多的徐志摩的经历，就是尊重作者主体。文勇从作品中揭示出告别的潇洒，就是尊重文本主体。

只有一个小瑕疵，就是学生说诗人是和回忆告别，严格地说，应该是和记忆告别。回忆是现场的，而记忆是过去的。

第一课时

师：上课！

师：齐诵《雨巷》！（板书："轻轻的我走了——《再别康桥》欣赏"）

师："同学们，你们中有哪些人觉得自己对诗已经有了强烈感觉，觉得诗有意思？"

（统计有 23 位同学举起了手）这让我感到比较惊讶啊，但是也有心理准备。还有那么多的同学没有举手呀，那么这些同学为什么对诗歌没有感受呢？我请几位同学起来说一说自己的看法。

生（班长郑一鸣）站起来说："我还没有找到诗歌的感觉。"

生（郭毛）：《雨巷》这首诗中的"丁香一样的颜色，丁香一样的芬芳"，我知道很有诗的美，有诗的"芬芳"，但是我还不能很强烈地感受到您说的诗歌那种"香味"的魅力。

师：同学们，对诗的兴趣培养是一个艰难的过程，朱光潜先生就写过《读诗与兴趣的培养》，希望大家通过多读诗，读好诗逐渐培养读诗歌的兴趣，但真正地走进诗，从内心深处感受到诗，从而将诗歌内化成自己的语言，内化成个人的情感，进入我们的灵魂，它需要我们从现实世界中暂时超脱出来，进入诗意的天空！

生（肖祖锐）："以前我们学诗歌时，老师主要是讲一些诗句，以及诗歌中表达的思想感情，还有课后的练习题，而文老师是大讲诗歌的人文背景，再讲解诗歌本身，没有讲课后练习。这是为什么？"

师：哦！我的授课方式与你原来的老师不同，你难以适应吗，我要强调一下！这种授课方式更接近文学，是真正的文学教育、素质教育，文老师很少讲字词句，除非文言文才讲，并且在文言文学习中会重点讲字词，也会讲得很深。我们在课文的把握上要有眼光，抓重点，抓根本。

师： 我们请觉得诗有意思，对诗有感觉的同学跟大家一起分享一下他的感受。

生（张哲伟）： 我特别喜欢第一课毛泽东的《沁园春·长沙》，从这首诗中我可以感受到毛泽东年轻时的奋发有为、愈挫愈奋的人生状态。

生（朱娜丽）： 我觉得诗的语言很优美，从诗中我可以感受到作者内心的隐蔽的真实，诗人通过描写意象所抒发的真挚情感。

师： 朱娜丽同学说出了昨天我们学习过的戴望舒诗歌一个重要特点，就是象征派诗人强调的用客观对应物表达出来的思想感情。所谓玫瑰花的香味！

师： 鲁迅先生的小说《阿Q正传》给我们塑造了一个不朽的形象——阿Q，这篇小说一发表出来就引起了极大的反响，很多人都能够从阿Q形象中找到自己的影子，这是因为鲁迅先生用他文学家特有的敏锐发掘出人物的性格本质。诗歌也有自己本质的东西，我们解读诗，要走进诗的背后，走进诗人的心中，去解读他的心灵密码，来丰富我们的人生。一个人不可能直接经历并感受很多的人生，但是文学作品却给了我们一个感受别样人生的平台，走进文学作品，可以丰富我们的心灵世界。

师： 今天我们就在这样的诗歌学习理念的指导下共同来研读徐志摩的《再别康桥》，及他的爱情诗。同学们对于徐志摩都有哪些了解呢？

生： 听说过他与林徽因的爱情，但不是很了解。（笑）

师： 很好，能关注他们的爱情，一定会喜欢上他们的诗歌！下面我来详细介绍徐志摩这个人，他的爱情，他的诗歌。

徐志摩是浙江海宁硖石人，浙江人很骄傲啊，因为他们有骄傲的资本，据说近现代文化名人有1/3都来自浙江。徐志摩的笔名有很多，有南湖、海谷、云中鹤等，他的家境殷实，父亲徐申如为硖石首富、硖石商会会长。

1910—1915 年，徐志摩就读于杭州府一中，与郁达夫同学。1915 年，与张君劢之妹张幼仪结婚。1916 年，入天津北洋大学法科预科。1917 年，转入北京大学法科。1918 年，经张君劢介绍，拜梁启超为师，徐志摩是梁启超的学生，梁启超这个人才华横溢，他的关于社会进步的渐进主义思想以及有关文艺的化育功能的重要观点，今天看来是我们走了许多弯路之后才需要重新认识并实践的伟大财富！这样的财富价值，应该越来越受到人们的重视，后面我们讲到梁实秋先生的散文《记梁任公先生的一次演讲》时，会重点讲到梁启超先生的。

徐志摩 1918 年 9 月，入美国克拉克大学历史系。1919 年，入哥伦比亚大学经济系。1920 年，获哥伦比亚大学硕士学位。同年奔赴英国，入伦敦大学政治经济学院。1922 年，入剑桥大学皇家学院，为特别生。这年 10 月，他见到了一个影响他一生价值观的重要人物——罗素，并与罗素建立了终身友谊。

罗素是英国著名的哲学家、教育家、数学家和逻辑学家，他给了徐志摩完美的人生教育和思想启迪，罗素教给了徐志摩追求“人生的光明”的四大原则：

①人活在世上，要注重生命的乐趣。

罗素的《我为什么活着》中就讲到这一内容。

②追求并享受友谊。

③爱美，爱艺术。

西方文化是非常崇尚哲学和艺术的，举个例子，我曾经到过德国著名的大学——海德堡大学，杰出的哲学家黑格尔曾在这所大学任教，后人为了纪念这位伟大的哲学家，将他经常散步的一条小路命名为“哲学家小道”，上面建了一座雕塑，是一只人的手臂，手心里用德文写上：今天你思考哲学了吗？连一条小路的名字都蕴含着深厚的文化底蕴，一草一木都彰显着艺术的美。

④爱纯粹的学问。

文老师认为诗中就充满了高雅的生命的乐趣，大家还记不记得文老师写的那首诗：

过严子陵钓台赠彭公瑾兄

桐波江上水犹清，钓竿长垂待知音。
可怜台下憔悴客，污却狂奴万代名！

（这时有很多同学开始一起背诵这首诗，很陶醉）。

今年我又把这首诗发给了我的朋友韩军博士，他回短信说：好诗壮怀啊！

徐志摩和罗素成了好朋友，后来徐志摩转为剑桥大学正式研究生，一开始进行文学创作时，徐志摩的创作技巧以及艺术水平相对粗糙，后来慢慢成熟，正如巴金总结自己的写作经验时所说的："只有多写才能会写。"同学们可以把这句话记下来，这对于我们作文水平的提高是有很大的帮助的，徐志摩在文学创作上的成功正是因为他经常写作，他是一个多产作家。

下面我要重点讲徐志摩的婚姻爱情经历以及文学活动，以便让同学们对于徐志摩这位诗人有更全面的了解：

1922年3月，徐志摩在柏林与张幼仪离婚，在当时的中国离婚可是件冒天下之大不韪的事情，这也表现出徐志摩对于爱、自由和美的追求。在英国留学期间，徐志摩与陈源、林长民、林徽因父女交往甚密，当时徐志摩经常约16岁的林徽因到康桥附近散步，康桥成了留下他最美好回忆的地方。

回国之后，徐志摩与胡适、张君劢、丁文江等成立"新月社"这一文学组织，这都是一群热爱文学的热血青年啊，想当初文老师也和一群文学爱好者组建过一个文学社，记得当时还被公安局的人盯上了，想来距今也有二十多年了。

1924年4月中旬至5月底，徐志摩又经历了一件对他意义非凡的事，诺贝尔文学奖获得者泰戈尔访华，全程由徐志摩担任翻译，当时陪同泰戈尔的还有才女林徽因，他们两人陪同在泰戈尔身边，有"金童玉女"之称。泰戈尔对于徐志摩的诗影响很大。同年秋天，徐志摩经胡适引荐在北京大学任教。

1926年8月，与陆小曼结婚，由梁启超证婚。后又与胡适、梁实秋、闻一多等在上海成立新月书店，同年任上海光华大学、东吴大学教授，往返于北京、上海之间。1931年，徐志摩在自南京飞往北平的时候，由于飞机遇到大雾，不幸遇难，年仅34岁！

徐志摩去世之后，陆小曼在追悼亡夫的文章中这样写道："我的爱人乘着清风归去。"

胡适先生在《追悼志摩》中这样写道："志摩走了，我们这个世界被他带走了不少云彩，他在我们这些朋友之中，真是一片最可爱的云彩，永远是温暖的颜色，永远是美的花样，永远是可爱。他常说'我不知道风/往哪个地方吹——'我们也不知道风是往哪个地方吹，可是狂风过去之后，我们的天空变惨淡了，变寂寞了，我们才感觉我们的天上的一片最可爱的云彩被狂风卷去了，永远不回来了！"

"他的为人整个的只是一团同情心，只是一团爱，爱是他的宗教，是他的上帝。他的一生可用'爱、美、自由'三个词来总结。"

梁实秋在《回首旧游》中这样写道："志摩的谈吐风度，在侪辈中可以说是鹤立鸡群。师长辈如梁启超先生、林长民先生把他当作好朋友，忘年之交。和他同辈的如胡适之先生、陈通伯先生更是相交莫逆。比他晚一辈的很多人受他的奖掖，乐与之游。什么人都可做他的朋友，没有人不喜欢他。……尖酸刻薄的人亦奈何他不得，他就是这样的一个潇洒的人……像他这样的一个人，当世无双。"

然而，在朋友们眼里如此优秀的志摩却被鲁迅先生骂为"流氓"，实在让人不解，同学们知道是什么原因吗？

生：不知道！

师：当时不同的文学流派之间由于人生观、思想价值观以及文学观的不同而产生激烈的争论，每个流派都以剑拔弩张的气势试图将自己的观念定位为整个文学界的权威，当时鲁迅在《拓荒者》中骂梁实秋为“丧家的资本家的乏走狗”，而梁实秋对此也进行积极的回击，俏皮地说我不生气！意思是不与没水平的人争论。可见当时的学术争论是非常激烈的。

师：有了这些背景知识，那么下一节课我们就一起来品味《再别康桥》，体会徐志摩和他的感情世界该是多么的丰富而精彩！

第二课时

师：上课！

大家已经知道了林徽因是解读徐志摩的感情密码的一个很重要的人物，也是我们学习《再别康桥》的一个重要情感铺垫。大家想不想听一下林徽因追忆徐志摩的文章？

生：想!!（齐声）

师：我来读林徽因在《纪念志摩去世四周年》里的片段，她深情地回忆说：“朋友，我知道你从不介意过这些，许多人的浅陋老实或刻薄处你早就领略过一堆，你不只未曾生气过，并且常常表示怜悯同原谅；你的心情永远是那么的纯洁，头老抬得那么高，胸中老是那么完整的诚挚，臂上老有那么多不折不挠的勇气。”可见林徽因对于徐志摩的才华与性格非常了解。

“朋友，你不要过于看轻这种间接的生存，许多热情的人他仍旧为着你的存在，而加增了生的意识。伤心的仅是那些你最亲热的朋友们和同兴趣的努力者，你不在他们中间的事实，将要永远是个不能填补的空虚。”

师：现在我们来重温康桥之梦，也许别有一番感受，让我们一起来解读徐志摩的心灵密码吧。

师：首先由我来泛读全诗，我的朗诵实际上也是在向同学们传达出我对于整首诗的理解和把握，因此在朗诵的时候，请大家思考我特别注意了诗的什么情调与表达风格？（学生沉浸在诗歌的意境中，气氛温暖而专注）

师：好，下面请同学们自己轻声地朗读一下全诗，然后回答这首诗整体上表达了一种什么情绪？请同学们谈一谈读完这首诗的感受，对于哲学家来说，感觉也许是不可靠的，可是对于诗人来说，健全的直觉就是人生的旋律。

生（任翘楚举手了）她站起来说：“我觉得这首诗的语言柔美，有一种秀丽的风格。”

生（张典菡）紧接着站起来说：“我认为这首诗写得很轻盈、很潇洒！”

师：那么你从哪里看出这首诗写得很轻盈、潇洒呢？

生（张典菡）接着说：“我从‘轻轻的我走了，正如我轻轻的来’中的‘轻轻’感受到诗的轻盈。”

师：诗人轻轻地来，悄悄地离去，确实给人一种很轻盈的感觉。

师：大家都有离别的经历吗？离开爸爸妈妈，离开初中的同学以及初中的校园来到华师一，离别给我们的感受总是忧伤的，惆怅的，这首诗名字叫《再别康桥》，那么徐志摩与康桥的作别有什么不一样的地方吗？

生（陈明宇）站起来回答道：“徐志摩与康桥的离别没有悲伤，显得很自然，像一阵风，他像一个很浪漫的浪子。”

师：哇！我们班上有天才耶！天才的观点！陈明宇的理解特别准确，特别深刻。我赞成陈明宇的观点，不赞同将这首诗解读成离愁诗，徐志摩的离别是浪漫的，也是潇洒的。我国著名文学家、文艺理论家也是我的老师孙绍振先生就是这个看法的发现者！

师：《再别康桥》中“再”字说明作者不是第一次与康桥作别。当时的交通不太发达，徐志摩从国内到康桥只能乘船，去一次非常不容易，一般需要好几个月的时间。同学们在诗中有没有找到徐志摩和谁告别？

生：（讨论）“康桥”！“云彩”！“青荇”！“梦”。

师：诗人作别的不是具体的人，不是具体的地方，而是什么？

生：（讨论）

师：反应很快，我听到同学们中有人说“回忆”。

师：对！他是在和回忆告别，和自己在这里的生活经历告别，是诗人自己心灵的对话，是他的内心独白。而这种告别没有痛苦，没有忧伤。

生（老师说到这里，有学生说道）：潇洒！

师：这个词用得很好，很贴切，诗人徐志摩在作别时显得潇洒、轻松、甜蜜，甚至是自我满足。

轻轻的我走了
　正如我轻轻的来；
我轻轻地招手，
　作别西天的云彩。

师：这里“云彩”是诗化了的意向，即是象征派诗人波德莱尔所说的客观对应物。那么诗人为什么要跟“云彩”作别呢？

生：（肖梦琦）站起来发表了自己的意见：“‘云彩’‘彩虹’在这里象征着一段美好的回忆，诗人与彩虹作别，实际上是与自己在这里的美好回忆作别。”

师：诗人其实是在与美好的回忆作别，而这种回忆又是不能跟任何人讲的，是隐藏在内心深处的秘密，因此只能是轻轻地告别。正如林徽因在悼念徐志摩的文章中所写到的“你永远是那样的潇洒”。沉重的告别在诗人这里变成了轻轻的，足见诗人那种潇洒的意气。古人描写音乐时常用到“此时无声胜有声”，这里“悄悄”的韵味正是如此，是一种无言的境界，无言的美，无言的幸福感，这才是诗啊！

那河畔的金柳，是夕阳中的新娘；
波光里的艳影，在我的心头荡漾。

软泥上的青荇，油油的在水底招摇；
在康河的柔波里，我甘心做一条水草！

那榆荫下的一潭，不是清泉，

是天上虹揉碎在浮藻间，沉淀着彩虹似的梦。

师：这几节，作者写了哪些经典意象？

生：金柳、青荇、潭、梦！

师：对，在这部分中，表面是写景，写自己愿意融化在这片风景里，实写诗人在康桥轻松、自由、美好的生活。诗人在这里要表达的核心表面上是对康桥的感情，实际要表达的是自己的青春岁月已和康河紧紧地连在一起了！包括作者在这里接受并享受到的一切！可能有爱的记忆、民主、自由的理想以及伟大的友谊等。

师：“彩虹似的梦”中的“虹”和“梦”都是描绘在康桥的生活感受。“彩虹”代表这风雨过后的美丽，象征着诗意、浪漫、明丽和柔情，这里象征着诗人在康桥的美好生活，“虹”的意向选用得相当准确。“梦”是全诗理解的核心，整首诗写的都是梦，诗人的回忆其实就是一场美好的梦，年轻的时候每个人都有很多色彩斑斓的梦，意气风发、豪情万丈，徐志摩也是，但是好多梦都已经破碎，他最终选择了文学的道路，实现了自己的文学梦。

寻梦？撑一支长篙，向青草更青处漫溯，
满载一船星辉，在星辉斑斓里放歌。

但我不能放歌，悄悄是别离的笙箫；
夏虫也为我沉默，沉默是今晚的康桥。

师：那么诗人来这里做什么呢？

生：寻梦！

师：“寻梦？撑一支长篙/向青草更青处漫溯”，这诗句中包含了诗人深沉的感情、深层的记忆，这里有诗人多少美好的回忆啊！“溯”是指逆流而上，象征着诗人在有深度的有意追寻这些美好的回忆。“满载一船星辉，/在星辉斑斓里放歌”，诗人在康河的风景中由陶醉开始转向激动，他要大声放歌。

“但我不能放歌，/悄悄是别离的笙箫”，诗人激动的情绪突转，他不能放歌，离别的时候是悄无声息的，悄悄离开是最好的告别方式。“夏虫也为我沉默”，连夏虫也理解诗人，为他而沉默无声，这是一种无声的美和幸福。“沉默是今晚的康桥”，整个康桥都沉浸在只有“我”能独享的安静和美的氛围中。

悄悄的我走了，正如我悄悄的来；
我挥一挥衣袖，不带走一片云彩。

十一月六日中国海上

师：同学们有没有过沉默独处的经历，有没有自己一个人冷静地回忆过去，单独与自己相处的时候？

生（余洋很快举手了）他站起来说：“我每次遇到不开心的事情了，经常会把自己一个人关在房间里二十分钟左右，不想跟别人说话，也不想听别人讲话，只想自己一个人安静一会儿，安静最舒服。”

师：嗯，安静最舒服，我们要学会感受安静，进行冷静的思考，独处的意义是非凡的，单独的时候我们才会有独特的感受，而过于强调集体就会消解个人的创造性和个性，因此我们同样不能用公式化的教育模式将学生都教成一个样。

我们要体会到安静之中的丰富，安静而丰富，这也是人生的高境界，而当代人太浮躁，非常缺乏安静的独处。诗中最重要的是感受安静与丰富，当我们品读一本名著时，与作者的心灵一起颤动，在安静的氛围中感受文学的美，这才是真正的美，有境界的美。

师：徐志摩在散文中曾这样写道：“单独是一个耐人寻味的现象，我有时想它是任何发现的第一个条件。你要发现朋友的真，你得有与他单独的机会！你要发现自己的真，你得给自己一个单独的机会！你要发现一个地方（地方一样有灵性），你也得有一个单独玩的机会！我一个人发痴似的在康桥！绝对的单独！啊！我那时是甜蜜的单独"，"只有我自己才知道"。"我的眼睛是康桥叫我睁的，我的求知欲是康桥给我拨动的，我的自由意识，是康桥给我胚胎的！"也许是一场爱情之梦；也许是因为在这里遇到了罗素；也许是这里的一段最美好的学习生活；也许是这里的自然美景，康桥是诗人的人间天堂，是他生命中最美好的地方！

师：让我们再次轻轻地诵读这首诗，背诵这首诗！

师：下课！同学们再见！

整理：文艳艳

孤月迥绝，人间真情

——《春江花月夜》课堂实录

点评：钱理群　授课：文勇

◎钱理群点评：

这堂课可圈可点可议者有三。

其一，首先是为文老师的“认真”所感动。正如文老师在《仰望大师的背影》那一课里所说，“对付学生是不可以随便的”，任何一堂课都得“精心的准备”。对照当下许多老师“在课堂上一本正经地胡说八道，堂而皇之地信口开河”，这样的“认真”与“精心”就特别难能可贵。而且在我看来，这不仅是一个教学态度的问题，而且是一个教育观念的问题：教育的根本（意义，价值，责任）就是要“为学生的生命成长负责”，因此“是不可以随便”的。文老师深知此教育之要意，更将其化为日常的教学实践：《春江花月夜》是教材中的经典名篇，作为老教师，文老师教过大概无数遍，本可以吃老本；而且赏析文章、参考资料，打开电脑，随处可抄。但文老师却要重新“精心准备”。于是老篇新讲，每上一课，都有新的试验，新的发现，新的想象，因而也总有新的快乐。我“看”文老师这一课，就强烈地感受到他是陶醉于课文和他自己的讲课的。他的教学魅力其实就源于此。

正因为如此，读书，读得多而杂，就成了他的教学和生命的内在需要与人生乐趣，而这恰恰就是当好语文老师的基本秘诀。我们现在把语文教学说得越来越玄，其实，所有优秀教师的经验，文老师的经验，就是一条：老师自己多读多写，然后带着学生多读多写。不过，文老师或许还多了一条，就是孙绍振老师指出的，他还自己研究，于是他也就多少有了点学者的博学与博识。在这一堂课里，他如此的旁征博引，恐怕是临时认真准备也来不及的，靠的是平时的积累。正因为积累深厚，无论在钻研课文，还是讲授时，都有一个大视野，做到“通”而“透”。你看他一开始，就纵论中国传统诗歌里“春”、“江”、“花”、“月”、“夜”这几个意象的源流及内涵的演变，把《春江花月夜》这首“盛唐第一诗”放在这样的背景下来讲，就给学生打开了一个极其宽阔的阅读视野，这是最能激发学生的理解力和想象力的。在和学生一起欣赏的过程中，又适时引入一些美学与哲学的概念，以提升学生的鉴赏力和思想力。这样的课，就显得大气，开阔而有深度。这大概就是文勇老师的教学风格吧。

但文老师如此的博学，思维如此发散，又有如此强烈的宣泄欲望，讲授冲动，我也因此不免有些担忧。因为教学毕竟不是个人发表心得和演讲，它是要受到学生和教学目的的制约的。因此，越是博学多思的教师，越需要有控制力。不能把自己对课文的理解，自己想到的，感悟到的，统统教给学生，必须要有选择，要有所不讲才能做到真正有效的讲。应该说，文老师还是有控制的；但在一些地方，恐怕是情之所至，就有点控制不住了。这里只举一个例子：文老师讲“诗化了的时间，诗化了的哲学”，就随口引用了施勒格尔的一段论述，我在“读”的时候，就觉得很难懂，至少是不能一“看”就懂，要看几遍，反复想一想。那么，大概可以推断，学生在“听”课时，就恐怕要听得云里雾里了。这样的过于发散的引申、发挥，如果太多，不仅会影响课堂讲授的脉络、节奏，还会影响学生的理解，分散学生的注意力，甚至影响学生的学习兴趣。教学要追求广度与深度，但超出了大多数学生的理解水平的地方（我是主张要适当讲一些学生必须经过努力，才能理解的内容的）如果多了，整堂课就会太“沉”太“累”，效果不一定好。——这里所讲的，实际上是一个如何处理教师修养中的“博学多思”和“自我控制与节制”之间的辩证关系的问题。

这就谈到了我要说的第二个问题：教学中的“丰富”与“单纯”，“多”与“少”的辩证关系。文老师的课的一个重要特点就是“丰富”。在我的感觉里，这堂课就是一个语言的盛宴，感情的盛宴，思想的盛宴。这在当下语文课堂教学普遍简单、干瘪、枯燥、乏味，完全不能满足与调动学生求知欲的情况下，这样的丰富与盛宴是难能可贵的，特别值得学习、借鉴。但这里也同样存在问题的另一面：语文教学，特别是中学语文教学，又要求“单纯”，不能过于复杂，这是由学生的知识储备不足，情感还处在发育过程中，思想也相对简单这样一些特点决定的。因此，“盛宴”也要有节制，在“丰富”的基础上还需要精选，还要循序渐进，逐渐加食，一堂课塞得太多，弄不好就会“噎”住了学生，因噎而废食。从中学生学习的角度说，讲课的线索更要明晰，便于学生把握与记诵（这一点文老师倒是很注意，经常提醒学生，哪些东西要记下来）。因此，讲课的枝蔓必须有，否则就不丰富；但又要掌握好度，太多了也会把学生绕糊涂了。

其实，讲课和写文章一样，需要有一个“少——多——少”的过程。从“没有什么可讲”到“可讲、想讲的东西越来越多”，这是一个飞跃；这时候常常会有一种冲动，恨不得赶紧把自己的发现、感悟、所思所想，向学生一泄而出。——应该说，这样的冲动是极其难得、可贵的，现在的大多数语文老师缺的就是这样的教学冲动。但，根据我的经验，恰恰在这时候，需要“冷”一“冷”，要有意压抑自己的冲动，在三个方面，再下功夫。首先是回过头来，对课文进行再琢磨，把文中最核心的东西提炼出来。其次，又要细心地考虑学生的接受：哪些是他们能接受，或者经过老师的讲解、引导能理解的，哪些是超出了他们的现有水平，不能接受的。其三，还要认真研究教材、大纲里规定的教学要求、目的，以确定，哪些是必须教给学生的，并设计通过什么样的教学过程与手段（包括教学技巧）来体现这样的教学意图。这里最关键的，就是要“拎”出一条一堂课的“线索”。然后，根据这一线索，删繁就简，达到“少而精”。这个“少”当然不是第一阶段的贫乏、简陋，而是内含着“丰富”、“多”的更高层面的精练的“少”。这是人们通常忽略，其实是更重要的一次飞跃。完成了这一次飞跃，老师就可以激情内敛，从容登上讲台了。

就文老师的这一堂课而言，其实是有一条线索可循的：一开始先声夺人地提出：《春江花月夜》“孤篇横绝”，它“绝”在哪里？我们今天来读它，又要读出什么“新意”？接着，又别开生面地提供一个大知识背景，大阅读视野：文学史上相关五个意象的源流、演变。然后就势引导学生作文本细读，看课文对前述传统的意象内涵作出了怎样新的开拓。最后，以闻一多的评价作结：这“孤篇横绝”就在“迥绝的宇宙意识”。应该说，这是一个精美绝妙的设计。但略感遗憾的是，在具体课堂教学中，似乎没有将这条主线抓紧抓实，没有将闻一多概括的“宇宙意识”贯彻于前面的文本分析中。看来文老师对这“盛唐第一诗”知之太多，感悟、联想绵绵不绝，讲起来就旁逸四出。这些旁逸有的是必要的，增添了讲课的丰富性，但有的则不必要，而且多了就会模糊主线，“宇宙意识”反而得不到彰显。看来，缺的就是最后一道“由多到少”的提炼功夫。

最后要说的是，文老师这一堂课，给我印象最深的，还有他的机智与幽默。特别是他那些结合当下日常生活的现场即兴发挥，我注意到学生“笑”、“全班笑”这样的现场反应。这就营造了一种轻松的课堂气氛，形成一张一弛的教学节奏。而且在我看来，这样的联系学生熟悉的当下生活的发挥，或许还有更大的，我们未必自觉意识的意义。引起我的联想的，是文老师的这一番议论“科学技术的发展已经把人类的情感改变了”，不仅改变了情感的内涵，也改变了情感的表达方式。我由此想到一个很有意思的问题：课文的作者（古人）与今天的读者（学生）之间，有着巨大的时间与空间的距离，更有时代、社会的不同（用文老师的话来说，作者张若虚是生活在“农业社会”，而今天的中学生却生活在工业化、科技化的现代社会），他们之间的情感，自有相通，因而可以继承的一面，但同时更会有很大的不同。因此，在讲清楚本诗的情感与表达情感的方式以后，还可以引导学生作一个讨论；看看同样是面对“春”、“江”、“花”、“月”、“夜”这样的意象，现代人，以及我们自己，会有怎样的联想，感悟，并作出怎样的表达？哪些可能依然与作者相通，哪些又不同于古人？这又是为什么？学生可以依据自己的经验和体验发表意见，也可以引述他们熟悉的现当代的诗歌来说明。最后还可以引导学生自己也来写当代，自己生活、感悟中的《春江花月夜》，借此引发学生的新的想象力与创造力。——当然，这也是我读了文老师的讲课实录后的即兴发挥。这背后其实也是有一个教学理念的，就是课文的阅读本质上是今天的学生与过去的作者之间的一场对话，那么，就应该从课文的实际出发，寻找作者在课文里所表达的生活、情感与学生心灵的沟通点。这一点找准了，这一堂课就活了，也就能最大限度地调动起学生的学习积极性，主动性，激发他们的想象力和创造力。

师：上课！

今天我们来一起学习《春江花月夜》，有少数同学初中时可能学过这篇课文，但是现在再学一遍也是好的，文老师会给你们带来新的东西，希望你们会得到另外的收获。《春江花月夜》这首诗在整个唐诗里面可以说受到的赞誉是最多的，我们来一起看看古今人们对它的评价：

“孤篇压全唐”、“盛唐第一诗”、
“春风第一花”、“孤篇横绝，竟为大家”。

这首诗更被闻一多先生誉为“诗中的诗，顶峰上的顶峰”。

为什么这首诗会得到如此高的赞誉呢？今天我们要来一起欣赏探究这其中的艺术奥秘，看看它与其他的唐诗不同在什么地方，看看它更高更伟大的地方在哪里。先看文老师为这堂课定的题目——孤月迥绝　人间真情。

师：作者张若虚，生卒年月不详，人们没有记录下他的生平事迹，但是从他的名字可以看得出来这个人可能有道家的隐逸情怀，“若虚”嘛，不愿意别人知道他。我们只知道他曾以“文词俊秀”而名显长安，与贺知章、包融、张旭并称“吴中四士”。

《全唐诗》仅仅录存《代答闺梦还》、《春江花月夜》两首，但《春江花月夜》这一篇就“孤篇横绝，竟为大家”！就凭着这一首诗跻身伟大作家之列，《春江花月夜》一千多年来为世人所倾倒，诗人也因此名垂后世。由此看来，好诗不需要多呀，同学们！你们谁要写诗，就写像这样的一首，名垂千古，够了！

先看诗的题目，“春”、“江”、“花”、“月”、“夜”，这都是诗歌的意象，五个意象，准确地讲都是古人常用的意象，但是能将常用的意象写出不平凡的气质却是很了不起的。

我们先来研究“春”这个意象，根据我的搜索它最早是出现在《诗经·七月》的诗里，这样写道：“春日迟迟，采蘩祁祁。女心伤悲，殆及公子同归。”这一句诗很经典，同学们把它记下来。春天来了，女孩子的心开始骚动起来了，伤春心嘛！这也给中国诗歌文化史定了一个基调，即春天到来的感情基调是悲伤的，这叫做伤春！到了陈继儒的《小窗幽记》这里，“送春而血泪满腮，悲秋而红颜惨目”，这里面的“送春”和“悲秋”已经成为中国诗歌常见的两个主题。再到苏轼这里，春天是什么样的呢？“春色三分，二分尘土，一分流水。细看来，不是杨花，点点是离人泪！”可见苏轼直接继承了《诗经》关于春天的文化情感基调。请注意，这里就形成了一个诗歌创作的倾向，即写春天的诗歌，赞美春天的不是多数，而伤春、惜春的是多数。

“江”在古代特指长江，长江是中国最长的一条河，是中国的母亲河，因此长江在古人心目中的地位很高。“问君能有几多愁，恰似一江春水向东流。”“林花谢了春红，太匆匆，无奈朝来寒雨晚来风。胭脂泪，相思醉，几时重？自是人生长恨水常东。”南唐后主李煜擅长用长江做比喻，“我”的愁有多少呢？像一江春水浩浩荡荡、漫无边际。因此“江”这一意象在古代诗词里面，不仅是个空间概念，更喻指历史的长河，是个时间概念。“滚滚长江东逝水，浪花淘尽英雄”，任你是秦皇汉武、唐宗宋祖或一代枭雄，无一例外终将湮没于历史的滚滚长河之中。任你活着的时候生命怎样灿烂辉煌，也一样逃不过自然的规律，归结于尘土流水。你们觉得古人用这个意象要表达一种什么样的情怀？

生：一种历史见证人的感觉。

师：说得很好！长江永远在那里！而人事却变幻莫测！因此古人用江水这一概念表现出那种人生空漠之感，更显深沉而悠远。

同学们，现在的高考对古典诗词的考查越来越深入，而意象的文化内涵则是经常考到的，所以在对诗歌的鉴赏上，我做了一些调整，重点讲一下诗词意象的源流以及其内涵的演变文化，这是涉及诗歌鉴赏根本的问题。大家读多了就会觉得诗歌确实很有味，有味在什么地方呢？有味在从古代到今天一脉相承的文化韵味。

"花"也是经常出现在中国古代诗歌里的意象，"感时花溅泪，恨别鸟惊心"。"无可奈何花落去，似曾相识燕归来。""一朝春尽红颜老，花落人亡两不知！"综观中国诗歌史，写花开的少，写花落的多。

为什么？

飘零的落花中，弥漫着春光不再、青春不再、美人迟暮的感慨与恐惧。缤纷的落花是中国古典诗歌伤春主题的核心意象。请记住，落花对应的主题就是伤春。以落花为媒介，用优美流畅的语言表表达对年光流转、红颜易老、生命无常的感叹，几乎涵盖了后世落花意象的所有意义。"流水落花春去也，天上人间。"这里春天本代表美好的东西，代表青春，代表朝气，代表人生的辉煌、灿烂和成功，但是古人却看清楚了这些东西的本质，它们不是永恒的，一个人有可能今天很辉煌，但说不定明天就很惨淡，今天是皇帝，明天就有可能变成阶下囚，今天做官耀武扬威，明天或许就被贬了，后天可能又被提拔起来，过两天有可能又被贬了，这就是人生的无常呀！中国人的悲剧感就常常在这里，大家请注意，这是涉及中国文学核心的内容，因此落花的意象值得我们好好研究。

古代诗词中用得最多的意象就是"月"，"江上柳如烟，雁飞残月天”。“海上生明月，天涯共此时。情人怨遥夜，竟夕起相思。”“春花秋月何时了，往事知多少？”“今人不见古时月，今月曾经照古人。古人今人若流水，共看明月皆如此。”古人对月思考人生，今天的月亮曾经照过李白，但是李白现在在哪里呢？

月亮这个意象的特点在于，它是古人感叹最多的，给古人带来最多幻想和安慰的意象，面对宇宙的浩瀚，明月的无穷，人生的有限，多少伤时、惜时、叹时之作流传千古，月早已由“白玉盘”意化为如流水一般东去不回的时间意象，让人在浩淼无穷、深邃永恒的宇宙面前，顿生渺小之感、短暂之感，更激起和历史洪流相融，奋力在短暂的人生中有为的斗志。当然，月还是愁绪、情爱的代表性意象。“千里共婵娟”，对亲人、友人和爱人的相思，请大家把这些关键词记下来：伤时、惜时、叹时、愁绪、情爱。

“夜”这一意象，古典诗词里也有，但是它一般指社会的黑暗，是一个象征性的意象，这里我们就不专门讲了。

现在我们来研究“春江花月夜”题目一共点了五个意象，那么哪一个意象才是这首诗的核心意象呢？

生：月。

师：为什么是“月”呢？同学们的回答非常准确，“月”是本诗的核心意象，我们知道这首诗从月亮升起写起，最后写到月亮落下，从“春江潮水连海平，海上明月共潮生”到最后一句“落月摇情满江树”，从月出到悬在半空，到“西斜”，再到月落，既写月的美景，更写月引起的思乡之情，写月就是抒情啊！所以这首诗是“孤月迥绝，人间真情”。

师：下面我们来具体研究和分析诗歌的内容。

第一句，“春江潮水连海平，海上明月共潮生”。

你们觉得这一句是作者想象的，还是实际看到的景象呢？

生：有看到的，但更多是想象的。

师：很好！你为什么认为想象的成分多些呢？

生：因为江海相连的浩大，看到的是很有限的！

师：说得好！虚指的成分多些！不完全是眼前具体的实景，任何伟大的作品写景都带有理想性、想象性的色彩。“江”是指长江，春天里的长江水啊，浩浩荡荡，与浩瀚的大海连在了一起，气势非凡，宏伟壮丽，更重要的是海上的波涛与明月一起出现了。“滟滟随波千万里，何处春江无月明。”这里“滟滟”是水波相连浩浩荡荡的样子，月光和水波交相辉映，浩淼无垠，哪个地方没有被这浩淼的月光笼罩住呀?！这四句，以江月起笔，可谓“横绝”。江连海，海生月，月照春江，这样一幅连环的美景呈现于千万里的阔大时空，极见诗人胸襟之大，眼界之广，有一种仰视宇宙的气魄。日本学者宫崎市定说：“唐诗发现了无限!”在这里得到了印证。请把这句话记在课本上！春潮涌动，波澜壮阔，江面宽阔，明月初生，这是一幅宏伟壮美的春江月夜升起的图画。

“江流宛转绕芳甸，月照花林皆似霰。空里流霜不觉飞，汀上白沙看不见。”这四句，进一步写月光下的美景，它是如何美丽呢？大家看看这幅图看，这是我们用现代科技制作出来的美景图，月下花瓣纷飞，多么美妙呀！但是这与古人的诗相比哪一个更美呢？诗还是更美，因为诗带给人无穷的想象。“芳甸”即花草丛生的原野，长江围绕着花草丛生的原野流淌，而这时，无论是长江还是这原野都被月光笼罩着，而月光洒下来的情形用了一个非常精美的比喻，像雪珠子一样的洁白，“霰”就是雪珠子，这个比喻是非常巧妙的，同学们看一下这幅图辅助你们想象一下诗中的情景。“空里流霜”天空中霜一样的月光流下来，“不觉飞”细腻，温柔，感觉不到，使汀上的白沙若隐若现，“汀”就是水边的平地，汀上的到底是沙呢，还是月光？已经看不见，分不清了。这里用江之绕，花之林，汀之沙，用来衬托月之光。其美似霰，似霜，感觉的物化让人在静谧和清丽中获得瞬间的生命享受。这种感觉，这种体验非常细腻，我们用哲学术语来概括就是“感觉的物化”，所以诗人看到的是心灵观照下美的景象。

著名文艺理论家孙绍振教授是这样分析这个地方的：“这

里强调的是，月色不但同化了江，而且同化了‘花’，花因月照而变得像冰珠一样透明。‘春江花月夜’五个意象，外在性状的区别都是美的，将其区别淡化，以月光的透明同化，使之失去区别是更美的。这就是意境的整体美。

意象群落的透明性是来自景观的透明性吗？显然不是，这是情致意念的，精神的透明性。以潜在的精神意念统一外在的意象景观，使之在性质的量度上高度严密统一。‘意境’的美，不仅仅是外部景象统一之美，而且是内在的精神统一外部景象之美。”

诗中这个地方的月光，真是美得不行了，令人陶醉，在这样浩茫的江边，如此美的月光照下来，怎么能不令人浮想联翩呢？诗写到这个地方是第一层，写了明月照耀下的江水、花林之美景，下面就写面对这样的美景所做的思考和抒发的情感，可以看到这首诗的层次很清楚的。明月照耀下的美景可谓是相当辽阔、壮美，水天相应、万里通明、江海相连、水天一色，大家把辽阔和壮美这两个关键词记下来。

“江天一色无纤尘，皎皎空中孤月轮。江畔何年初见月？江月何年初照人？人生代代无穷已，江月年年只相似；不知江月待何人，但见长江送流水。”到这里是诗歌的第二层，这一层总体上在写什么？是继续写景呢？还是在写景的基础上写了别的什么？

生（林龙）：没有继续写景，在思考人生。

师：非常准确！非常深刻！请坐！在思考人生，在月下思考人生，这是这首诗的第二层。面对着浩茫的江月水天，诗人产生了无限深沉的人生感慨。如果我们在这里出一道高考题，问这里写景的特点是什么？你能总结出来吗？一定要有关键词，非常准确的关键词，大家想一想！

生：壮阔、深邃！

师：对！壮阔、空灵、朦胧。

高考的时候我们会遇到这种要求概括写景特点的题目，一定要抓住关键词，否则分就没了，众星捧“月”。饱览这一幅美景，留于心间的似乎只有一轮明月，“春、江、花、夜”都作了“月”的陪衬。

师：“江天一色无纤尘，皎皎空中孤月轮。”一轮孤月悬在空中，月亮已经升到中天来了，“孤月”，本来月亮就是孤的，不可能有两个月亮。

他用孤月还有另外的含义吗？

生：还有“独”吧？

师：“孤”、“独”同义！这个“孤”应该还有寒的含义，独有个人情绪在里面，所以“孤月”在古诗文里面是有特殊内涵的。一轮明月照在空中，江天一色，如此的洁白，如此的纯洁！这个时候作者在想江畔何人最初见到这个月亮呢？这个月亮又是哪一年最初照见人寰的呢？这就是开始思考问题了，思考什么问题呢？

有限的个体生命在这永恒的时间面前究竟应该怎么样呢？这是一个哲学性的问题，所以文学应该与哲学联系起来才会有生命力，凡是没有哲学的文学都不是伟大的文学，是没有生命力的。这个地方作者在思考宇宙是永恒的，人生是短暂的，人怎么能突破有限，把自己短暂的生命放在无限宇宙当中，以获得自由？这正是哲学家思考的人生的根本问题。

这个地方作者写出了月下之景的一个非常突出特点，那就是特别的澄明纯洁，证明作者心目中也有纯洁之所在，所以这个地方“时空的澄明正是作者人生澄明的证明”。

也许作者是一个追求正直、纯洁、刚直不阿的人，对那些污浊小人干坏事是不耻的，因此他追求的是纯明的境界，这是具有象征意义的写景。大家想一想，皓月当空，江天无尘，多么的纯洁和静美啊！整个宇宙都是这么的洁白！这里的美出自诗人的内心，又以何人何年来叩问，有限的个体生命在无限的宇宙面前究竟价值几何呢？作者是在思考短暂的人生如何才会有意义呢？人生本来就这么短暂，你要是把自己搞得那么污浊，有这个必要吗？宇宙本身是洁白的、纯洁的，人生为什么要污浊呢？作者是不是在思考这些问题呢？他没有直说，他只说这个地方的景是多么的纯明，多么的纯洁，多么的美好呀！当一个智慧的读者去品味，去思索，去回味时就会发现写景背后的象征意义，这就是诗歌教化人，影响人的一个很隐蔽的地方。一个有悟性的读者才会品味出它独特高妙的地方，所以读伟大的作品会让人有所领悟并发出会心的微笑。品味诗歌，不是简单地告诉你一个道理，然后你知道了这世界是很美好的，宇宙是很纯洁的，人生也要纯洁。这样讲，没意思！

师： 这种追问，“江畔何人初见月？江月何年初照人？人生代代无穷已，江月年年只相似。不知江月待何人，但见长江送流水。”“但见”的“但”是只是的意思，只见。“待”是等待。不知道江月还在这里等待什么人啊，只见长江流水是永恒的，长江流水可以说几乎是不变的，但是从哲学的角度来讲也是变化的，没有静止不动的事物。

那么这一段的感叹主要是感叹什么呢？感叹宇宙永恒，人生短暂，个体生命的有限，人类的生命却是一代一代，没有穷尽，就如同江月永恒于宇宙天地，但是每一个个体的生命都是短暂的，人类作为一个整体，它是相连的，就像月亮一样。接着诗人写到莫非江月也是有情的，是一个情种，那么她又在等待谁呢？这个地方把月亮拟人化了，“不知江月待何人”，她在等待谁呢？可能还有一个人没有来，她还得存在，她还得照他。如果江月有情的话，那么人就更应该有情，但是有情的个体生命有限，看看长江流水的永恒，那后浪推前浪不正像人类的代代相传吗？

诗人似乎从宇宙天地顿悟到有限与无限的平衡。这是诗化了的时间，诗化了的哲学。施勒格尔说：“从严格的哲学意义上说，永恒不是空无所有，不是时间的徒然否定，而是时间的全部的未分割的整体。在整体中，所有时间的因素并不是被撕得粉碎，而是被亲密地糅合起来，于是就有这么一种情况：过去的爱，在一个永在回溯所形成的永不消失的真实中重新开花，而现在的生命也就挟有未来希望和踵事增华的幼芽了。”“踵事增华”是一个成语，继承前辈的事业，继续发扬过去原有的成绩。7 世纪的中国诗人张若虚与 17 世纪的德国浪漫派诗哲施勒格尔达到了一种默然相契，这是多么有趣的中西对话！而且这样的对话是哲学的，人与永恒的问题。现在中国社会科学院的哲学家周国平先生写了一本书，书名叫做《人与永恒》，这本书是他写的所有书中最好的一本，同学们可以去阅读一下这本书。

师：看到这幅画面，作者展开了怎样的思索？

1. 自然宇宙的永恒和人生的短暂易逝；2. 月的圆满与人的孤独无依；3. 月之有情和人生的残酷无情。

丁亥年，也就是 2007 年中秋节，文老师也写了一首望月的诗。月亮是大家都写过的，所以不容易写好，但文老师觉得自己这首诗写得还有点特色，请一个同学起来给我解读一下，这首诗里面有文老师什么样的情感？

丁亥中秋望月

云中天地心，
梦里壮士情。
欲掩风尘色，
乾坤弄孤影。

生（张伯隆）：不得志的时候孤独的追求。

师：你是我的知音，请坐！（笑）月亮想把底下的风尘色都掩盖掉，所以一个人挥动他的孤影，乾坤之大，宇宙浩森，他一个人在努力，在奋斗，可惜很悲壮，没有成功。算是学生理解我了，这是给文老师最大的奖励，是我最大的荣耀。

下面的诗句从“白云一片去悠悠，青枫浦上不胜愁”到“落月摇情满江树”是全诗的第三层。前面写浩淼壮阔的江天月色，然后写月下深沉悠远的人生思索，再到“青枫浦”、“明月楼”。“青枫浦”和“明月楼”是什么人呆的地方呢？思妇！思念丈夫的妇人。

这里我特别要强调的是“白云”和“青枫浦”这两个意象。“白云”是隐逸和离别的象征。“青枫浦”可是伤心之地。为什么“青枫浦”是伤心之地呢?古诗有很多印证，那个著名的被称为江郎才尽的那个诗人江淹，他写在《别赋》中的就有这么一句话：“送君南浦，伤如之何?”把你送到南边的水边，“我”多伤心呀，伤心得不得了！因此“浦”成为伤怀之地的代名词，这是一个有文化内涵的独特意象，凡是诗歌中提到什么“浦”的，一定伴随着伤心和眼泪。这两句诗，由月下对人生宇宙的思索转到青枫浦上的离愁。

“谁家今夜扁舟子？何处相思明月楼?”“扁舟”也是一个中国文化里有独特含义的意象，最早出现在孔子讲的一句话：“道不行，乘桴浮于海。”他说天下大道行不通，“我”就乘一个木筏飘到海上去算了，非常愤激，天下无道，“我”就去漂流海外。后来到李白那里：“人生在世不称意，明朝散发弄扁舟。”官老是当不上，再要是还当不了官，“我”明天就乘个独木舟到江海去泛舟算了，警告你，“我”这么优秀的人你还不要“我”当官。“明朝散发弄扁舟”这个“扁舟”，扁舟就是小船，也是漂泊在外不得意的人的代称。“谁家今夜扁舟子？何处相思明月楼?”“明月楼”——思妇住处，思妇大概一到晚上就对月怀人，因此“明月楼”成了思妇的住处。这里的“白云”、“青枫浦”、“扁舟”、“明月楼”都与怀人和不得志有关，所以这月下内容是很丰富的，在永恒的时间里，情永恒，情纯洁；爱也永恒，爱也纯洁。“过去的爱，在一个永在的回溯所形成的永不消失的真实中重新开花，而现在的生命也就挟有未来希望和踵事增华的幼芽了。”由江天而游子，而思妇，由宇宙之大而人间相思，足见纯洁爱情是超时空的。

“可怜楼上月徘徊，应照离人妆镜台。”“离人”，离家在外的人，“妆镜台”为什么不能照呢?

生（黄诗艺）：怕照镜子发现老了。

师：非常准确，请坐！文老师现在就怕照镜子，一照就觉得自己老了，我有一个学生十二年没有见我了，见到我后，他大吃一惊说的第一句话就是："哇！文老师，你老了！你原来给我们上课的时候还好年轻呀。"我说："你别打击我好不好？"时间是无情的，没有办法的事情，这是自然规律，所以害怕照镜子。

"应照离人妆镜台"是作者想象的，在楼上徘徊，"玉户"是闺中，"卷不去"，月光卷也卷不去，帘子可以卷起，月光是卷不起的。"捣衣砧"大家都知道，"拂"是一个动作，"拂还来"拂不去，月光还是要来，月光总是追随着你，说明愁思是剪不断，理还乱，在月下越是想把月光挥掉，就越挥不去的，这时的情绪是越来越来复杂，越来越深沉，越来越真实。

"此时相望不相闻，愿逐月华流照君。""相望不相闻"是什么意思呀？我请一位同学来回答一下。

生（刘灿）： 相互思念却又得不到对方的音讯。

师： "闻"，就是音讯，现在的短消息，古人没有手机，不能发短消息，所以相望不相闻（笑），月亮照得到你，也照得到我，但是我们互相没有音讯。古代的书信传递得是很慢的，所以杜甫讲"家书抵万金"，"亲朋无一字"，亲戚朋友们没有书信寄到，音讯全无。不像现在，科学技术的发展已经把人类的情感改变了，文老师曾经讲过，科技的进步有一个不好的地方，那就是改变了人类思念的情怀。不管你现在在哪儿，只要你在地球上，已经没有什么用得着思念了。我弟弟在加拿大，我母亲在加拿大，三天两头一个电话，一讲一个小时，我都有点受不了了（全班笑）。这个太方便了！想思念还不行，随时随地可以发短消息。科技的进步改变了人类的情感态度，"杨柳岸晓风残月"那种刻骨铭心的思念，现代人都不知道是怎么回事，以后也不会有了。所以农业时代有它自身的魅力，人与人之间的情感更加纯真一些，而技术时代，技术对人实行了新的统治，这就是哲学家马尔库塞所讲的：技术把人变成了单向度的人。我深深地感觉到现代社会是有利更有弊，说有利确实有利，飞机一坐，很快就到英国去了，上午还在北京，下午已经到德国了，这个感觉真是很美妙，慈禧太后的时候，派一大队人马到法国考察巴黎地下的排水系统，冬天出发，夏天才到，坐船从印度洋这么绕过去，搞了四个月。

“月华”，就是月光，“流照君”，是说“我”愿意追随月光一起到你那里，去伴随你，“君”就是出家在外不回来的丈夫。“长飞”，就是高飞。“光不度”，也飞不出这个月光。“潜跃”，在水底翻腾，“水成文”，水上面起了细细的波纹，这是波光粼粼，鸿雁飞，鱼龙跃，都在月光的笼罩之下。这句话是说，“我”看见鸿雁长飞，鱼龙潜跃，当然这只是想象，这都增加了“我”对你的思念。

游子之思和思夫之词，本来是古诗十九首和古乐府诗的两大主题，而这两大主题在张若虚的笔下，更加典型化，更加富有诗意。

浪漫美学认为“真正的诗就是同一心境的客观显现”。这一句话对于我们理解中国古典诗词特别有帮助，刚才我们讲的诗中描写澄明的时空实际就是作者澄明的人生境界的客观显现。懂得这一点是非常妙的，我们读王维诗中那种空灵的境界，实际上就是他佛教徒的那种心灵境界。“空山不见人，但闻人语响。”“这是一个绝对超时间的永恒世界，人生价值的寄托之所。只有在那里，时间才被取消了，刹那凝化为永恒。”一个人，凡是有水平，有悟性的人，都在追求怎么突破有限达到无限，怎么突破困境达到自由，康德有一个重要观点：人只有在艺术中才能获得真正的自由。孔子也讲要“游于艺”，我非常赞同这一观点，一个人有可能去追求一种事业，把这一事业当作艺术来追求，也有可能获得自由，比如说你去经营一个大的企业，你运作得出神入化，金钱滚滚而来，那也是很高妙的境界，搞艺术的人，搞文学的人，也不能完全贬斥企业家，在艺术中获得自由，这句话可以很宽泛地理解它。

“昨夜闲潭梦落花，可怜春半不还家。”“春半”，春天过了一半，梦见“落花”掉在“闲潭”里面了。“江水流春去欲尽，江潭落月复西斜。”月亮快落下去了，春天也快完了，这里暗示时间过得很快，人生非常短暂。“斜月沉沉藏海雾，碣石潇湘无限路。”良辰美景已去，“碣石”在山东，“潇湘”在湖南，这个地方指天南海北相隔很远。记下来，“碣石”、“潇湘”，泛指天南海北分隔很远。海雾蒸腾遮蔽了明月，“我们”是天隔一方，什么时候才能团圆呢？这实在是一件非常令人悲伤的事情。

“不知乘月几人归，落月摇情满江树。”“乘月”，趁着这月色还在的时候，不知道多少人已经回来了，可惜“我”的家里的那个人怎么还没回来呢？这月亮一落更加牵动了“我”的思念，“摇情”就是牵动情思的意思。缭乱不宁的别叙离情，半时的残月云辉散落在江边的树林里了，这里面带着淡淡的哀怨伤感，人生无限的悲哀。有个叫王尧衢的人在《唐诗合解》卷三评曰：“此将春江花月夜一齐抹倒，而单结出个情字，可见月可落，春可尽，花可无，而情不可得而没也……千端万绪，总在此情字内，动摇无已，将全首诗情，一总归结其下。”

这里的“情”的确像是从浪漫美学所说的瞬间体验中得来。“个体在瞬间体验中，以想象为根基，不断把自己的过去投向未来，超时空、超生死，化瞬间为永恒。”从月出到月落，这是一个周而复始的无限时间；从碣石到潇湘，这又是一个地北天南的宇宙空间。诗人在想象中为我们创造了一个崭新的诗化时空世界，即“强烈的宇宙意识”和“被宇宙意识升华过的纯洁的爱情”。宇宙永恒，“被宇宙意识升华过的纯洁的爱情”永恒，所以“在神奇的永恒前面，作者只有错愕，没有憧憬，没有悲伤”。这样，个体自我遂与永恒化一而成为宇宙之我了。

因此春、江、花、月、夜，写来写去，一个字——情！人间真情！这个“情”字总结得很好，人生总有很多牵挂，有的人死不瞑目，“我死了，还有人照顾你吗？”“我死了，你还能在这个复杂而危险的世界生存吗？”“情”有爱情、亲情、友情等，大家还记得巴尔扎克笔下那个变态的葛朗台吗？他死的时候还牵挂着什么？一个字——钱！临死的时候还把神父胸前的金质十字架往自己怀里一抓，送了自己的命，那是资本主义刺激下的变态狂。但在张若虚的世界里唯有一个“情”字！

所以一个人的一生唯有“情”字不能了结。

师：现在我们来总结一下，这首诗写了：春江月夜的美景，江畔月下的沉思，因月而起的情思。贯穿全文的意象是“月”，但在诗中，月已不仅仅是月，而成了一种情感的载体，这就是中国文人的一种“明月情结”。情结是弗洛伊德总结出来的，这里指情感上挥之不去的，影响一个人自始至终的非常复杂，非常微妙的情感。古诗关于月亮的描写很复杂，有把它当空间意象来写的，“月出惊山鸟，时鸣春涧中”。“星垂平野阔，月涌大江流。”有把它当时间意象来写的，“春花秋月何时了，往事知多少?”“今人不见古时月，今月曾经照古人。”更多地是把它当作情感意象来写的，“今夜月明人尽望，不知秋思落谁家。”“月落乌啼霜满天，江枫渔火对愁眠。”“海上生明月，天涯共此时。”“人生如梦，一樽还酹江月。”请注意这三个要点：空间意象，时间意象，情感意象。

最后，同学们把闻一多先生的这一段最经典的评价全部抄下来，作为我们今天的结束语。闻一多先生对张若虚的这一首诗的评价是目前我所见到的所有文学评论中最伟大、最经典的文字。

那是更迥绝的宇宙意识！一个更深沉，更寥廓，更宁静的境界！在神奇的永恒前面，作者只有错愕；没有憧憬，没有悲伤。……这里一番神秘而又亲切的，如梦境的晤谈，有的是强烈的宇宙意识，被宇宙意识升华过的纯洁的爱情，又由爱情辐射出来的同情心，这是诗中的诗，顶峰上的顶峰。

——闻一多《宫体诗的自赎》

师：下课!

整理：文艳艳

仰望大师的背影（一）

——《记梁任公先生的一次演讲》课堂实录

点评：钱理群　授课：文勇

◎钱理群点评：

文老师讲课的风格是多样的。如果说《春江花月夜》课堂实录是一篇激情四射、才气逼人的“演讲风”的散文，那么，这篇《记梁任公先生的一次演讲》课堂实录，就像一篇从容不迫、娓娓道来的“谈话风”的散文。我感觉，这两堂课展开的，可能是文老师性情的两个侧面。这就应了那句话：文如其人，课如其人，好的语文老师的课，必然要打上教师个人的烙印，是个性化的课堂教学。这样的课，对学生的影响可能是更为深远的。

所谓“谈话风”，就是一边逐段读课文，一边随意讲开去，或辨析文字和文意，或引出相关的轶闻趣事，或介绍有关的评论，或插入涉及的文本的阅读与讲解，或即兴谈及自己由文本引发的回忆，当然，还有随处可见的感悟，议论，等等。天马行空，洋洋洒洒，有很强的知识性、趣味性和思辨性。这样的课，学生尽可以惬意地听，随意地想，是一种享受。但这样的课，可不好上，是老师的学养、性情于不意间的自然流露，没有这样的底气，就会变成东拉西扯，变成炫学与矫情，让学生听得难受或不知所云。在讲课艺术上，也有一个“放”与“收”的辩证关系问题。要放得开，又收得住，做到“收放自如”，相当不容易。这里也还有一个控制问题。应该说，文老师在这方面基本上是做得好的，但也有扯得太远，拉不回来的时候。

文老师这堂课的另一个亮点，自然是学生的四次“喊读”。这是最能引起我的共鸣的，因为我在中学讲鲁迅作品时，也提倡“喊读”。好的文章的意味、意蕴是需要通过朗读来感悟的，过于琐细的分析反而将文气支离破碎了。文老师特地引述的闻一多的回忆，说梁启超讲《箜篌引》，就是连诵三遍，三声叫“好”，“一唱三叹”以后，就什么都不讲了。闻先生说：“大师讲学，就是这样！”我的导师王瑶先生回忆，闻先生自己在西南联大讲课，也这样做。还有人回忆，俞平伯先生在北大讲诗词，也常常如此。这其间的道理，包括教学法，是颇值得琢磨的。至于文老师和我主张的全班“喊读”，则是针对中学生的特点，它是最能激发青年学生内心的激情的，喊读的时候，学生真的是热血沸腾，目光炯炯，那是一种对语言文字、情感，乃至生命的高峰体验，是非常感人的！但运用也要适度，而且前面要有铺垫，蓄情、蓄势，到了一定程度，就自然喷涌而出。文老师这堂课，“公无渡河”四句的喊读，准备得充分，估计效果也会好。后面的喊读，就有些匆促，而且连喊四次，也太多了。

师：上课！同学们好！

生：老师好！

师：请坐！《仰望大师的背影》，请大家先记下本次课的题目。高中语文课本里面第一次出现有关梁启超先生的内容，这是语文课本编排的一次巨大进步。也许这篇课文的价值有限，但是把梁启超先生推到我们高中学生的视野里面，就这方面来说价值无限！

文老师大约要用一整节课的时间来讲述我眼中的梁启超先生，为了讲好这堂课，我仔细研读了从华师图书馆借来的五本研究梁启超先生的专著，还有我自己家收藏的四本研究梁启超先生的书籍。除此之外，我还请教了华师历史系研究了一辈子梁启超的董方奎教授。

为什么要如此慎重地对待这篇课文？因为我觉得梁启超先生对我们现在的社会仍然具有巨大的文化意义。一个国家，一个民族大凡在它的文化转型、社会变革的关键时刻一般都会出现一些英雄式的人物，但是我们所说的英雄不是凭借武力的那种草莽英雄。著名的科学家伽利略讲过这样的一句话："一个国家，一个民族需要武力英雄是可悲的。"那我们需要什么样的英雄呢？罗曼·罗兰在写贝多芬传记时讲："贝多芬是一个靠心灵伟大的英雄。"我们需要思想上的英雄、心灵上的英雄，梁任公先生就是这样的英雄！

"他是一个百科全书式的人物。"请同学们把"百科全书"四个字记下来，他是一个文化英雄！一个民族根本的进步是文化的进步，在文化上没有进步，这个民族就只能在历史的怪圈中徘徊而得不到真正的进步，这是被中国两千多年历史证明了的事实。

所以梁启超先生的意义是非凡的，他这个人可以说是一个天才，12 岁就考取了秀才，17 岁在广州参加乡试就中举了，但是 18 岁时参加会试没有考中，后来在科举这条路上一直没有走通。而没有考中进士对他的人生发展提供了一个更好的契机，就在这一年他来到了上海，这成为他人生的第一个转折，他在上海的一个旧书摊上发现了一本改变他命运的书，这本书叫《瀛寰志略》。这是一本介绍世界地理、风物、文化的书，过去中国人只有"天下"的概念，没有"世界"的概念，18 岁的梁启超第一次发现世界原来是如此的丰富多彩，而我们的国家和民族却局限在自己的生活环境和文化中，看不见外面的精彩。

四百多年前，意大利传教士利玛窦到中国传教的时候，你们知道明朝时的我们有多封闭自大吗？如果你要问一个明朝的皇帝，你是世界上哪一个国家的君主啊？他一定迷惑不解。怎么问我这个愚蠢的问题啊，我不是天下的"共主"吗？利玛窦把一幅绘有经纬线、赤道和回归线的地图展示在中国士大夫面前时，居然被斥为"以其邪说惑世"，"真可谓画工之画鬼魅也"，他们的理由是：中国当居正中，不仅如此，我们也是文明的中心！到了乾隆五十八年（1793 年），当时英国国王乔治三世派遣马戛尔尼勋爵为特使，以祝贺乾隆皇帝八十寿辰为名，来华请求扩大通商事宜，这位特使运来六百箱贺礼，在天津大沽港口等待皇帝接见，但船还未靠岸，我们的官员已经将标明“英吉利贡使”的大旗准备好了，后来乾隆皇帝一定要他们行三拜九叩之礼，但这个要求对于马戛尔尼勋爵来说是行不通的，他觉得人与人之间是平等的，自己给别人下跪是“无法想象”的事件。调和不了，最后他们将随身带的很多西洋珍贵的纪念品，包括精美的钟表、战舰的模型等留下来便怏怏不乐地走了。有意思的是乾隆皇帝下了一道狂妄至极的诏书：大意是“咨尔国王，远在崇洋，倾慕向化，特遣使恭赉表章，航海远来，叩祝万岁，并进方物……恭顺之诚，深为嘉许”。到了嘉庆皇帝时，同样对这样的英国使者干脆说你既然不按我国的礼仪行事，因此只能收下你的礼物作为对你的恩赐，你滚蛋吧！从这里可以看出当时的中国是多么的夜郎自大，鸦片战争时期我们还称英国人什么呀？——“红毛蕃种”，简称“红毛鬼”。

发现世界的意义是非凡的，梁启超第一次发现中国只是世界文化的一部分，我们与西方列强的对抗本质上不是武力的对抗，而是文化的对抗。

师：接着发生了第二件改变梁启超一生的大事——遇到了著名的人物康有为。其实康有为只比他大两岁，连举人都还不是，也就是说职称比梁启超还低，但是梁启超敬仰康有为的学识，拜康有为为师，后来成立了著名的康梁联盟，在北京成立了著名的“强学会”，以文化强国为己任。

梁启超回忆起当年见到康有为时的感受称之为：“如当头一棒，如冷水浇背，令我猛然惊醒。”这里的“惊醒”就是“一语惊醒梦中人”的“惊醒”。他们以改造中国的文化、中国的国民性为己任，“以觉天下为己任”，因此他为自己起了一个号叫“任公”。

有了这样的思想基础之后，他们立即开始行动，慢慢地摸索一段时间之后，他们发现办报纸是对公众影响最大的一种宣传方式，随后来到上海，因为上海是一个商业化城市，文化管制要宽松一些。就在 1896 年 4 月创刊《时务报》，后来还办了《万国公报》、《中外记闻》，还在上海办了《新民丛报》，梁启超当时提出了非常著名的改造国人的理论叫“新民说”。下面我们来一起朗读一下体现“新民说”理论的一段重要的话。“少年智则国智”一起读！

生： 少年智则国智，少年富则国富，少年强则国强，少年独立则国独立，少年自由则国自由，少年进步则国进步，少年胜于欧洲则国胜于欧洲，少年雄于地球则国雄于地球。

师： 梁启超先生当时就认识到教育改变人生，教育改变命运，只可惜这一伟大的理论直到现在还没有实现。

有人曾经做了一个这样的实验，把中国的小孩子和日本的小孩子一起请到内蒙古大草原考验他们独立生存的能力，结果中国的小孩子纷纷败下阵来，于是有日本人就狂妄地认为中国现在依然不是日本的对手。那么中国的教育到底出现了什么问题呢？一方面我们的孩子特别地累，生活在幸福的年代却过着苦难的童年；一方面中国教育的方向还不是很明确，还不能培养真正的创新型人才。梁启超是一位伟大的教育家，他当时就认识了中国教育的问题，批评当时中国的学校教育是“志在猎官，与科举尚无甚出入也”，求学问不实用，只有“纸的学问”而没有“事的学问”。

今天我们读梁启超先生的文章仍然觉得醍醐灌顶，现在我们的教育在这个问题的基础上还增加了致命的一条——逐利！尽管我们的官方领导还在高喊“教育是富强国家的根本”。今年 9 月 4 日温家宝总理到北京三十五中听了五节课，并发表了一席关于教育的谈话，呼吁国家改变现状培养创新型人才。温家宝总理说：“我去看望钱学森老先生，钱学森老先生五次批评我，质问我为什么我们的大学到现在还培养不出创新型人才呢？”是啊，诺贝尔奖为什么始终就没有落户中国呢？前不久香港那个得了诺贝尔物理学奖的科学家高锟，他的小学和中学是在大陆读完的，1949 年离开大陆来到香港，1979 年香港回归以后又去了美国，他个人的经历值得我们好好反思。

师：梁启超先生办报的影响巨大，当时的湖广总督张之洞，一个名满天下的风云人物、朝廷重臣居然成为24岁梁启超的“粉丝”。60岁的张之洞给梁启超写信还称呼他“卓老”，梁启超字“卓如”，“老”是尊称。张之洞聘以重金请梁启超先生到武昌来给他做幕僚，在他的再三要求下梁启超来武昌拜访过他一次，不巧刚好这一天是张之洞的女儿结婚的日子，外面的通讯员报告说：“梁启超先生求见。”张之洞毅然绝然抛下满座高朋，单独去迎接会见梁启超。

袁世凯准备称帝时非常害怕梁启超先生写文章抨击他，因此悄悄派人传达梁启超，说愿意出20万两银子作为代价要求梁启超不发表反对他称帝的文章。20万两银子是什么概念啊？鲁迅先生当年在北京女师大教书才八块大洋一年呢。可见当时梁启超就是这样的一个有巨大影响的人物。年纪轻轻的梁启超拥有“言满天下，名满天下”的声誉。梁启超为什么会拒绝高官厚禄这是值得今天的我们好好反省的，现在有些人为了追求钱岂止是愿意不写文章，干什么他们都愿意。对于这种人格我真是无话可说，我实在是无话可说！但是，我还有要说的话！（全班笑）

师：梁启超先生认为最重要的事情就是“觉天下”，他不接受张之洞以及伍廷芳的金钱收买，他有他自己的事情。大家知道梁启超和康有为后来发动了近代中国最著名的“戊戌变法”维新运动，他要改造的是中国的整体局面，而不是仅仅为了个人的利益。伟大人物有一个思想或者叫逻辑起点，那就是“以天下为己任”，而不是追逐个人的名利，这是我们今天的年轻人需要学习的。

梁启超说“中国两千年来，刑罚日酷，文明日衰，皇威日增，国威日损”，因此要变法图强，让中国强大起来。当时他给中国开的药方是“君主立宪”的道路，学习西方，改造政治体制，所以年轻的梁启超“醉心民权，志在救国”，而不是以个人私利为目的。大家知道清华大学的校训是谁定的吗？

生：梁启超！

师：梁启超，他在《周易》里面选择了两句话“天行健，君子以自强不息。地势坤，君子以厚德载物”。这两句话讲的就是要奋发有为，要图强，要培养广大的德性来容纳包容万物。这个校训也体现了梁启超先生变法图强、自新自强的文化观念。他后来干脆这样写道：“变法之本在育人才，人才之新在开学，学校之力在变科举，而一切要起大成在变官制。”改变中国的官僚体制，用现在的话来讲叫政治体制改革。

谭嗣同在他的《仁学》里面讲：“中国两千年来之政，秦政，大盗也。”这句话说绝了，中国两千来的政府都是强盗政府，用我们今天的学术性语言来讲，是个“掠夺性政府”，中国两千来的政府都是掠夺老百姓的政府。梁启超看出这个问题了，要变官制，要兴学校，要培养新民，要兴民权。我们老百姓的个人自由，财产都被官府给盗了，这就是中国两千年来黑暗的现实。

但梁启超一度还很悲观，1912 年他在给他女儿梁思顺的信中非常悲观地说：“中国必亡，绝无可救，在此唯有伤心饮泪，不知今年做何过法也？”1913 年 3 月 5 日他在给梁思顺的信中又写道：“国内种种纷乱腐败情状，笔安能罄？公立所言，殆未能尽其万一，吾在此日与妖魔周旋，此何耐，要之无论何路，皆行不通，而又不能不行，此所以为苦也！”

梁启超还是一位伟大的书法作家，我们来欣赏一下他的作品，这写的是李商隐的《无题》：“相见时难别亦难……”

师：梁启超有这么多头衔，你们觉得这里面哪个最重要？

生：启蒙思想家。

师：启蒙思想家，中国今天仍然需要启蒙，五四新文化运动本来是非常好的文化启蒙运动，可惜，被当时救国图存这个紧急的现实任务压倒了。学者们称中国的近代文化叫做启蒙与救亡的双重变奏，可惜救亡压倒了启蒙。

今天我们重读梁启超那一代人的著作，发现仍然振聋发聩，很有必要重新张扬他们的东西，像康有为、梁启超、陈独秀、谭嗣同，包括邹容的《革命军》，觉得太受震撼，太有必要引起我们的重视了。我们启蒙的任务根本没有完成，甚至还出现严重的倒退，就像我们上节课讲《小狗包弟》中提到的“文革”，提到“文革”我们都非常沉重，那是文化的大倒退，大摧残，大浩劫，我们自己的党史资料把“文化大革命”定性为“浩劫”。什么叫“浩劫”?！巴金文章里面写了，将之定性为“四人帮的法西斯专政”。

当时梁启超已经认识到改造社会的文化层面的意义。1915年，他到清华大学去成立国学院之后，思想倾向上有个巨大的转变。所以梁实秋先生在文章的第一句话中写道：“梁任公先生晚年不谈政治，专注学术。”这是为什么？梁启超早年投身政治，觉得要改变中国的官制，但是后来他发现仅谈政治是不行的，最根本的问题就是国民的素质太差，因此，他有一个巨大的思想转变，由谈政治转到谈学术，谈教育。有些事情就是这么复杂，你专谈政治反而谈不好，你专门讲赚钱反而赚不到钱。画家黄永玉先生回忆自己说：“我年轻时候醉心于画画，根本就没想到赚钱，但没想到我现在的钱已经数都数不完了。”

梁启超思想上的转变，也意味着他后面人生的转变，专注学术，专门研究中国的历史文化，成为享誉海内外的著名学者，他拼命地写文章，一共写了1400万字，非常了不起！面对大师们的著作，我们真是望洋兴叹。有时候，我觉得写个5000字的文章都很难，当然部分原因是自己的悟性比较差，水平比较低，比较懒散。我就搞不明白1400万字的作品怎么写出来的，太伟大了！梁启超逝世后，他的一个友人用这样一副挽联来概括他的一生，非常准确。请大家抄下来。

维新始讲学终，毕生诱掖青年，可告无罪。
建设难破坏易，晚岁绝缘政治，别有深心。

由变法维新开始到最后成为一名社会的教师，梁启超认为当老师才是最伟大的职业，为什么？天下人的愚蒙，在这个社会背景下唯一可干的事情就是教育大家，在没有文化基础的前提下，任何改革都是徒劳的。我们今天在讲素质教育，但是素质教育这个文化基础还是不够的，我在很多地方作报告都讲过这个观点，文化基础不够，一切改革都是形式上的改革，这叫“新瓶子装旧酒”，酒没有变，瓶子的花样变化是没用的。

“诱掖”就是启发诱导，提拔鼓励的意思。

“建设难破坏易”讲的是文化，一个国家的文化建设是艰难的，破坏起来却是容易的。中国几千年的文明只需要“文革”十年就可以把它摧毁殆尽，把最根本的文化，优秀的东西都给摧毁掉了。

“别有深心”，他想到真正的思想和文化层面的启蒙才是救国的根本之策，因此他觉得要重民权，办学校，兴教育。

师：下面我们来读两首梁启超早年写的诗词，我特别喜欢他的诗词，写得特别好！

拍碎双玉斗，慷慨一何多！满腔都是血泪，无处着悲歌。三百年来王气，满目山河依旧，人事竟如何？百户尚牛酒，四塞已干戈。

千金剑，万言策，两蹉跎。醉中呵壁自语，醒后一滂沱。不恨年华去也，只恐少年心事，强半为消磨。愿替众生病，稽首礼维摩。

师：“玉斗”是什么呢？以前讲过的。

生：玉做的酒杯。

师：把玉酒杯都摔破了，“一何”是多么的意思，多么的慷慨！年轻的时候要满怀报国之志，看到这个社会如此的黑暗，把酒杯摔破，“满腔都是血泪，无处着悲歌”！对我们年轻人来讲，他的诗词具有警醒作用，这是年轻梁启超人生的写照。

山河破碎，民生凋敝，面临这样的现实，一个爱国的热血青年感到无比的沉痛。悲歌无处，满腔血泪，“三百年来王气，满目山河依旧，人事竟如何?”所以“呵壁自语”，“呵壁”用了屈原的《天问》的典故，后来“呵壁”就是表示对老天爷不满的专业词。“醒后一滂沱”，眼泪涟涟，“不恨年华去也，只恐少年心事，强半为消磨”。年轻美好的时光和岁月渐渐消磨了，不能拯救国家人民于水火当中，实在是令“我”最心痛最遗憾。“维摩”是佛教用语，菩萨。“我”要替众生病来求菩萨，这是什么心态？志在救国的热血青年的心态。

师：大家把梁启超的词齐读一遍。

“拍碎双玉斗”，一起读！

生：拍碎双玉斗，慷慨一何多！……

师：这首词写于1895年，是他年轻时候所做的，有人说他写于21岁，我推断他应该是写于23岁。他年轻时候看到满目山河依旧，人事无改，非常的悲愤，下阙“千金剑，万言策，两蹉跎”。“剑”气代表了像荆轲那样的英雄，救国之气。“万言”向领导进万言书，什么是“蹉跎”？我们用一首诗来解释一下，大家把这首经典的诗记下来。清代有个叫做查为仁的诗人，他在《莲坡诗话》中这样写道：

琴棋书画诗酒花，
当年件件不离它。
如今七事都更变，
柴米油盐酱醋茶。

师：我特别欣赏这首诗，所以拿出来跟大家一起分享，我们经常讲“岁月蹉跎”，那么什么叫“蹉跎”？这首诗非常经典地解释了什么叫“蹉跎”。

时空流转，人的心灵有时会经历一些动荡与变化。在生活无奈与尴尬面前，原定的理想往往落空，这就是“蹉跎”！

年轻的时候追求非常高雅，“琴棋书画诗酒花，当年件件不离它”。而今变得很现实了，“柴米油盐酱醋茶”，变成一个俗人了。这就叫蹉跎。年轻人大凡都有很伟大的理想，以为自己无所不能，以为自己能扭转乾坤，回转天地，但绝大部分人到中年以后会觉得自己什么也干不了。不是有一个外国的传教士给自己写过这样的墓志铭吗：“我年轻的时候想改变世界，后来发现根本做不到，后来我想改变家人，但也没有成功！现在我发现我只能改变我自己！”甚至连鲁迅先生都曾经有过这样的感慨，何况一般的凡夫俗子呢？所以蹉跎是人生的一种常态。

23 岁的梁启超就已强烈的感觉到自己很多伟大的理想不能实现，“两蹉跎”，用文的来救国不行，用武的来救国也不行，这叫“两蹉跎”。

我再给大家念几封梁启超写给他大女儿的信，他说：“日来耳闻目睹，皆沉陆之象。（这里“沉陆”，就是陆地要沉下去的“沉陆”）吾生平乐观主义，竟不能自持，几欲委而去之矣。”这是 1913 年他写给他女儿的信。1913 年，他已经认识到自己早年投身的政治改革运动无论走哪条路，都走不通，社会的文化基础太差了，老百姓如此的愚昧麻木，反动派如此的凶残，不管是什么改革都行不通，所以他非常悲观，甚至是绝望。同年 4 月 1 日他给女儿梁思顺又写道：“吾性质与现社会不相容，愈入之愈觉其苦！”

师：中山大学一位历史学教授袁伟时是一位很了不起的教授，是我非常崇敬的一位知识分子。他前些年在《中国青年报》“冰点”栏目发了一篇很重要的文章。文章题目叫《现代化与历史教科书》，批评了我们的历史教科书，说我们历史教科书歪曲历史事实，尤其是鸦片战争这段历史，把外国人说成是强盗之类的，其实中国人也有很多问题的，我们不能正视历史，对历史过于情绪化。袁伟时教授对梁启超有经典的评价，他说：“梁启超是年轻有为的典型，戊戌变法以后逃亡日本，开启了一个推动中国人知识更新的新时代。”对梁启超的这个评价是相当地高而且准确的啊。

袁伟时教授说梁启超戊戌变法的时候只有二十几岁，已经成为引领时代潮流的风云人物。他先后创办《时务报》、《清议报》、《新民丛报》、《新小说》和《国风报》，传播新知识，提倡宪政、道德革命、史学革命、语文变革；内容涉及经济学、政治学、史学、新闻学、哲学、法学、文学、社会学等。梁启超曾经主张的“诗界革命”，在文学界也掀起过巨大的波澜！他是个对文学也特别有见解的人。

我曾经给大家介绍过，马克思和尼采这两位哲学家，也是梁启超在1902年最先介绍给中国人的。他当时的翻译叫“麦克士”和“泥至埃”。梁启超是一个学贯中西的一个大学者，所以他的书籍被誉为当时的“新知识百科全书”，从清末到民初，从青年世子到官僚，无论革命派还是改革派，包括毛泽东、胡适、郭沫若等人都公开或暗地里读他的著作，以读他的著作为荣。还有写文章回忆说当时看梁启超的报纸简直是人生巨大的幸事。有很多边远地区的人没法弄到梁启超的报纸，就求人托关系，有船来的时候到船码头去迎接，问有没有《时务报》？都到了这种程度，可见梁启超当时的影响。他真是名副其实的一代启蒙大师！

“国家的变革归根结底是人们思想观念的变革。他的工作可以说是功德无量啊。”(袁伟时) 同学们把这句话记下来。

师：今天我们虽然有很多研究梁启超的专家，但是梁启超在中国文化史上的地位仍然没有得到应有的肯定和宣传。梁启超的思想价值，我希望我们的后代把它看得更加深刻，更加准确。尤其是针对现实，我们再来读他的另外一首叫做《自勉》的诗，看他年轻时候的报国之志。

献身甘作万矢的，著论求为百世师，誓起民权移旧俗，更研哲理牖新知。十年以后当思我，举国犹狂欲语谁？世界无穷愿无尽，海天寥廓立多时。

这首诗可以作为青年人的座右铭，我特别喜欢这首诗，什么意思？

“我”甘愿化成万箭的靶子，这就是说他救国救民的文章在当时引起了巨大的争论批判，梁启超一生都在遭人批判，有不理解的，有恶意的闲人攻击的，有无恶意的闲人作为谈资的，然而梁启超说他甘愿这样，作为一个引领时代潮流的人就一定会是有争议的，改革必然是要付出代价的，写文章要“求为百世师”。这两句话非常有哲理，记下来。

“我”要发誓为民权呼号，改变国民的心态和风俗，更要研析哲理“牖新知”，这里“牖”是指窗户，给国人打开一扇求新知的窗户。你们十年以后还会有人想起“我”的。“举国犹狂欲语谁?”还能够记得起谁呀？这当然是谦虚，实际上百年以后甚至是千年以后，我们都不会忘记，也不应该忘记这一代启蒙大师梁启超。清末民初这个时代能有几个像梁启超这样的人物呢？世界无穷无尽啊，但是我的愿望，宏愿也无尽啊，看到今天这个社会现实，海天辽阔，独立苍茫，“我”感到非常地迷茫啊，“海天寥廓立多时”，站在茫茫的海边，心潮澎湃，思绪不断，这是爱国的，热血澎湃的青年表达自己理想的一首诗。

师：梁启超的诗词非常像陆游的风格，而且梁启超在晚年还专门整理过陆游的诗词，给陆游写过传记，梁启超读陆放翁很多诗，其中《读陆放翁集四首》这一首诗代表梁启超年轻时候的志向。

“辜负胸中十万兵，
百无聊赖以诗鸣。
谁怜爱国千行泪，
说到胡尘意不平。”

师：“辜负胸中”，一起读！

生：辜负胸中十万兵……

师：“辜负胸中十万兵”是什么意思？大家知道陆游晚年志在报

国，可惜朝廷不重用他，他只能在胸中藏有十万兵，没有办法只好以诗来鸣自己的不平之气。“百无聊赖以诗鸣”，这里“以”是用的意思，“谁怜爱国千行泪，说到胡尘意不平”，满腔悲愤，忧愤。

师：好，前面用了一节课讲我心中的梁启超，学了梁启超的三首著名的诗。这纯粹是文老师的理解。也替对梁启超的认识不足和宣传不够打抱不平！

下一节课我们要来讲梁实秋先生眼中的梁启超，他通过一次听梁启超先生的演讲看到的另外一个可能跟文老师讲的部分重合，又有部分不同的他心中的梁启超。

师：下课！

整理：文艳艳

仰望大师的背影（二）

——《记梁任公先生的一次演讲》课堂实录

第二课时

师：上课！

听了一次演讲，发现了一个伟大的老师！这个人是谁呢？就是梁实秋心仪已久的梁启超先生！

好，我们来好好研究这篇课文！

梁实秋有多方面的文学成就，他写了很多著名的散文很有艺术生命力，比如《雅舍小品》，大家可以找来读一读，我刚才看到有位同学买了哲理散文，这是非常好的，同学们一定要有一个良好的阅读习惯。有个专家叫苏振元，这样评价梁秋实，说他“风格幽默，朴实隽永”。“他的散文，不少为传记和怀人之作，文字清丽、淡雅，别具一格。他记述人物很有特点，善于撷取一二个或几个印象鲜明的生活片断来刻画人物。”

这正是中学生要学习记叙文类写作的一个最值得学习模仿的地方，所以大家读一读梁实秋的散文对你们学习写作和丰富思想都有巨大的好处。

师：我们已经预习过课文，文章是怎么描述这次演讲的效果的？把写这次演讲带来的效果的句子找出来，念一念。

生：过去也有不少显宦，以及叱咤风云的人物，莅校讲话。但是他们没有能留下深刻的印象。

生：不少人从此对于中国文学产生了强烈的爱好。

师：很好！这就是最明显的效果。

作者在表示自己的感受的时候说，“我非常荣幸听了那次动人的演讲”。“动人的演讲”这就是效果。而且和很多莅临清华演讲的人物作了对比，说很多人物都到清华演讲，但是都没有留下深刻印象，只有梁启超的演讲让作者难忘。做这次演讲时间是1922年，50岁的梁启超本来在清华学校讲国史，课外对文学系的学生作的一次关于文学的演讲，题目是《中国韵文里头表现的情感》。等于一个讲历史的老师去讲文学，结果成了一次伟大的演讲！

师：梁实秋的散文有一个特点，一个值得中学生学习的特点就是具体生动的细节刻画！所以我们重点要体会写文章的细节的魅力。记叙文没写好就是没有把细节写活，没有写出个性。

我们来梳理一下这篇文章的基本内容。本文以记事为线索，通过演讲的片段的回忆来表达对梁启超大师的印象，似为记事，实为写人，通过记录一个精彩的演讲来表现梁启超先生的个性，表达对老师的崇敬之情。

师：第一段：简述演讲的背景。“梁任公先生晚年不谈政治，专心学术。大约在民国十年左右，清华学校请他作第一次的演讲”，这里的表述似有不确，当时梁启超本来就在清华教授国史，这次是文学系邀请他去做的一次关于文学的演讲。

“题目是《中国韵文里头表现的情感》”，这是纯粹的文学性问题，这个问题不涉及政治，只是对文学系的文学爱好者所做的演讲。”

“我很幸运地有机会听到这一篇动人的演讲。那时候的青年学子，对梁任公先生怀着无限的景仰，倒不是因为他是戊戌政变的主角，也不是因为他是云南起义的策划者，实在是因为他的学术文章对于青年确有启迪领导的作用。”

一个人在社会活动上有名气，但并不代表你有学术水平，学校尊重的是有学术水平的大师级人物。所以说梁启超先生既是一个社会活动家，一个政治改革的风云人物，同时又是一个学术大师，重要的是他的学术文章对于青年确有启迪领导的作用，20 世纪二三十年代，国内的文化界崇敬“启民智”、“尚民权”的学者，尤其是像梁启超这样的大家。那是一个令学者文人们怀念的时代，这种氛围今天已经被追名逐利的庸俗世风所代替，令人忧虑。以上就是这次演讲的背景。

师：第二段到第九段具体描述了这次演讲的过程，我们来一起看，文字浅易，大家容易理解。

任公先生的这一篇讲演稿，后来收在《饮冰室文集》里。他的讲演是预先写好的，整整齐齐地写在宽大的宣纸制的稿纸上面，他的书法很是秀丽，用浓墨写在宣纸上，十分美观。

这说的是梁启超为这次演讲做了精心的准备，不是随便的，对付学生是不可以随便的，这里梁启超先生表现出了一个教师优秀的素养。他是那样的认真，即使是业余地去做一次演讲。过去的学者跟现在的有些老师不一样，现在的有些老师一不做学问，二不读书，有的连报纸都懒得看，在课堂上一本正经地胡说八道，堂而皇之地信口开河。我当实验班班主任的时候请过一个书法家给我的学生讲过三个小时的书法课。那是湖北省顶级的书法家，81 岁高龄，汪厚铎老先生，我请他来讲课也没有给他多少报酬，学校就只给拨了两百元钱，我觉得实在是过意不去，自己又掏了一百元钱，班上的班费出了一百元钱，一共只给了他四百元钱的报酬。但是这位老先生，这位著名的书法家在家里足足准备了一个星期，写了很多的书法示范作品。各种体的示范字他在家里写了七遍，我很不理解，问他：“像您这样的书法家还需要写这么多遍吗?”他怎么说的?“这是对学生啊!”让我感到非常的惊讶又深受教育。非常幸运的是我要求学校把他的演讲给录了下来，这是非常珍贵的资料。我自己也收藏了这位书法家大约十幅作品，这也是我的财富。受过那个时期大学教育的人对于讲坛看得无比神圣，不接触这样的大师，你就不会知道这样的人的厚度、深度。

师：“但是读他这篇文章和听他这篇讲演，那趣味相差很多，犹之乎读剧本与看戏之迥乎不同。”看他的文字跟听他演讲是两回事，为什么呢？梁启超先生的演讲水平，即兴发挥的能力很高。

我记得清清楚楚，在一个风和日丽的下午，高等科楼上大教堂里坐满了听众，随后走进了一位短小精悍秃头顶宽下巴的人物，穿着肥大的长袍，步履稳健，风神潇洒，左右顾盼，光芒四射，这就是梁任公先生。

昨天有个学生问我，说从配在书上梁启超先生的照片上看，他的下巴也不是很宽啊，文章这样写是不是讽刺他呢，这里可不是讽刺！只是梁实秋先生当时对梁启超的印象。至于“秃头顶”，我们平时不是经常说“聪明绝顶”吗？再说梁启超先生做这次演讲时已经50岁。下巴略宽，也不是特别宽，这是典型的广东人的特征。

这段肖像描写突出了梁启超先生的什么特点？请同学起来回答。在一个年轻的像你们这么大年龄的眼里一位50岁的令他无比景仰的老师具有什么样的特点？突出写了他什么样的神态？黄诗艺说一下。

生：这段描写了梁启超的气质，非常自信。

师：自信，哪些地方表现出了他很自信呢？

生：步履稳健，风神潇洒。

师：还用了一个词叫“光芒四射”，一个人有没有光芒怎么看得出来啊？这就是我们通常所说的对于一个人的气质描写。

除了自信，还能看出梁启超先生什么呢？你们看，“短小精悍秃头顶宽下巴”，“肥大的长袍”，“步履稳健，风神潇洒，光芒四射”，“光芒四射”是写他内在的东西。“短小精悍，秃头顶宽下巴”是写表象的东西。从外到内，形神兼备，既写出了他的形体的潇洒，更写出了他的神采的飞扬。我们刻画人物，表层的是写形，核心的关注在神。对于作品最高的评价就是写出人物的“神”，把人物写神了，写活了。外貌描写简练传神，先写身材、肖像、衣着，后写精神气质，突出了他潇洒稳健，光芒四射的特点。

师：看到下面。“他走上讲台，打开他的讲稿，眼光向下面一扫，然后是他的极简短的开场白，一共只有两句，头一句是：‘启超没有什么学问——，’眼睛向上一翻，轻轻点一下头：‘可是也有一点喽！’这样谦逊同时又这样自负的话是很难得听到的。”一个人做演讲要讲出一点新鲜的东西出来也是不容易的，我有一次被邀请到华中师大做演讲，听众都是一些很有名的人物：有浙江省的名师（其中绝大多数是特级教师）、校长、官员，包括浙江省教育厅的领导。去之前教育学院的吴书记就给我讲，说是以前也请过一些中学的老师给这些名师培训班里的人讲过课，但是讲到中途却被强烈地要求停止，因为这些人听不下去了，毕竟听课的都是一些很厉害的人物，不是真正有水平人的演讲他们是不想听的。我演讲之前，华师的郭老师在台上说：“下面我们有请华中师大一附中著名的特级教师文勇老师给大家讲课。”这样一说就把我置于非常尴尬的境地，因为我不是特级教师，这不是撒谎吗？在这种情况下文老师上台讲了几句简短的开场白立即把在座的所有人都震住了。我说：“在座的各位大部分都是特级教师，其中部分可能是值得我尊重的，但我先要申明：（一）我不是特级教师；（二）我也许不屑于这一荣誉称号。有一些荣誉只有拒绝以后才会成为真正的荣誉。”就这两句话下面就安静下来了，我记得很清楚，当我走上台讲课时有的领导还在打电话。我讲的题目是《教育的理想和理想的教育》，确实给他们上了一堂有价值的课，我把目前我们教育中发生的很多荒诞的事实确凿无疑地摆出来，做哲学性的思考，思考这离我们理想中的教育还有多远，结果他们还强烈地要求多讲了半个小时。

师：我们来研究一下梁启超这个开场白有什么特点？假如梁启超先

生就站在你们眼前，以这样一个开场白，“启超没有什么学问——，”眼睛向上一翻，轻轻点一下头：“可是也有一点喽!”首先给我们突出的影响是梁启超先生是一个什么样的人啊?

生：很诙谐，很幽默。

师：诙谐幽默的背后是梁启超非常有什么?

生：亲和力。

师：亲和力，那除了亲和力还有什么突出的个性特点?他是一个很自我的人。做学问，写诗也好，最核心的东西就是自我和个性。丢掉了这个东西，做学者不行，做诗人更不行。去做政治家可以，因为做政治家最大的要求就是没有个性，不允许有个性，试想一个政治家要是想搞一些独特的东西，跟中央的意见不一致，那他面临的命运就是立即下岗，说不定还要坐牢。而很多教授经常跟我一起聊天时都表现得愤愤然，作为一个学者他的表达是非常个性，非常自我的，这也是一种学术精神。

师：我们写作文时一定要注意，写人物有时不需要写很多的内容，一个简单的细节就可以把一个人写活。鲁迅先生写人物有一个特别的技巧，他善于抓人物的什么地方啊?

同学们读过鲁迅先生的小说没有?看来不太多啊。他就抓住人物的眼睛，写人物的眼神，人物的外貌肖像很简单，但是根据一个人的眼神来判断这个人现在在想什么，状态怎么样这就要真功夫了。仅通过眼神就把人物写得传神，这就是鲁迅先生刻画人物的技巧。

一个简短的开场白就把梁启超先生独特的、自我的个性化特点展现在我们面前了，接着继续描写他的声音“沉着而有力，有时又宏亮而激亢”，这里“激亢”就是激越而高亢，声音宏亮而激亢。因此“我们能听懂他的每一个字，我们甚至想如果说他说标准的国语其实效果可能还要差一些”，对梁启超先生声音的简单描绘，突出了他演讲的风神，坚定沉着，而又非常自信。

如果你们注意观察就会发现，一般有水平的人都是这样的，而没有水平的人就表现得中气不足，吞吞吐吐，“欲吐还吞”。当然，那不是抒情，那是空虚，有些领导讲话就是空虚的。但是有学问的人讲话就非常的坚定、沉着、激越和高亢，梁启超正是这样一个有学问的人，一个有理想的人，一个有内在地坚定地有方向的人。

美国有个学者叫保罗·福塞尔，他写了一本很著名的书叫《格调》，《格调》封面上写着这样的一句话：“只要你一开口，我就知道你是谁！”这是什么意思呢？只要你一开口说话，我就知道你这个人的内涵，你的语言和神态，立马就表现出来了。所以一个人年轻的时候一定要增加自己的内在修养，不要等到进入社会闯荡的时候，拿不出真本事，一讲话就被别人瞧不起了。

“只要你一开口，我就知道你是谁！”这句话可不能滥用，我在高考改卷时，看到许多老师给学生打分打得特别快，有一年，有个麻城来的老师，简直太不负责任了，我两本还没有改完，他就改了5本，真是让我感到疑惑。后来我发现一个秘密，他每篇作文只看前面两句话，就把分数打定了。我后来猜想他的理论在哪里呢？——只要你一开口，我就知道你是谁。其实对学生不能这样，这是极端的不负责任。

师：我们来看下面的内容，“我记得他开头讲一首古诗，《箜篌引》：

公无渡河。
公竟渡河！
渡河而死；
其奈公何！

这四句十六字，经他一朗诵，再经他一解释，活画出一出悲剧，其中有起承转合，有情节，有背景，有人物，有情感。我在听先生这篇讲演后约二十年，偶然获得机缘在茅津渡候船渡河。但见黄沙弥漫，黄流滚滚，景象苍茫，不禁哀从中来，顿时忆起先生讲的这首古诗。”

这首古诗大家读了有什么感觉没有？我第一次读了它后没什么感觉，你们觉得这是不是一首优秀的古诗呢？大家都说一说看。你说！

生： 没有感觉。

师： 你没有感觉，你为什么没有感觉？

生： 字太少了，没有感觉到诗歌的节律。

师： 你没感觉是因为你没有了解这里面蕴含的这个复杂的故事，梁实秋先生说经梁启超先生一朗诵，一解释，这个悲剧的画面才出现。好，我们下面来模仿一下梁启超先生是怎么复活这个画面的。

这里面有一个故事，是《古诗源》里面的一个故事，说朝鲜的一个水兵，这个“津卒”就是水兵。“霍里”是地名，子高早晨起来去乘船，发现有一个白发的狂夫，“披发提壶”，就是披散着头发，提着一个茶壶之类的，“乱流而渡”，要去渡一条水流非常急的河。他的妻子要制止他，“这河水这么急怎么能趟得过去呢?”“不及”，还没有赶上，结果“堕河而死”。“妻援箜篌而鼓之，作公无渡河之曲。声甚凄怆，曲终亦投河而死。”

（附：PPT 上的文言文形式的文本“朝鲜津卒霍里子高，晨起刺船，有一白首狂夫，披发提壶，乱流而渡。其妻随而止之，不及，遂堕河而死。妻援箜篌而鼓之，作公无渡河之曲，声甚凄怆，曲终，亦投河而死。”)

另外一个版本的文言文是这样写的，说子高晨起划船，有一白首狂夫，被发提壶，乱流而渡，其妻随而止之，不及，遂堕河而死。于是援箜篌（箜篌是古代的一种乐器）而歌曰：“公无渡河(“你不要去渡黄河啊，水很大很急的。”)，公竟渡河(“但是你竟然要去渡河”)，渡河而死，其奈公何！(“我又能把你怎么样呢？我也只有跟随你坠河而死。”）声甚凄怆，曲终亦投河而死。子高回家以后把自己所见证的这一故事告诉他的妻子丽玉。“丽玉伤之，乃引箜篌而写其声，闻者莫不堕泪饮泣。”

（附：PPT上的文言文形式的文本“子高晨起划船，有一白首狂夫，被发提壶，乱流而渡，其妻随而止之，不及，遂堕河而死。于是援箜篌而歌曰：“公无渡河，公竟渡河，渡河而死，其奈公何！”声甚凄怆，曲终亦投河而死。子高还，以语丽玉。丽玉伤之，乃引箜篌而写其声，闻者莫不堕泪饮泣。”）

师： 国学大师王国维先生说“这十六字构成中国诗坛最悲壮凄惨的一幕，是用血写成的”。

王国维作为一代大师，他的文学理论是非常高深的，他觉得用血、用生命写就的文字是最感人的。

为什么这十六个字会有如此的魅力？因为这故事背后牺牲了两个生命，这个故事本身很感人。

“公—无—渡—河，公—竟—渡—河，渡—河—而—死，其—奈—公—何！”

梁任公先生在演讲稿里面引用这个故事，而他的讲稿中是这样的：“古乐府里头有一首箜篌引，不知何人所作，据说是有一个狂夫，当冬天早上，在河边‘披发乱流而渡’。他的妻子从后面赶上来要拦他，拦不住，溺死了。他的妻子做了一首‘引’，是：‘公无渡河，公竟渡河！渡河而死，其奈公何！’”看起来梁启超在演讲中是作了即兴渲染的。

但是据闻一多先生谈到自己学生时代在清华听梁启超讲授古乐府《箜篌引》又是不同的讲法，他说，梁任公先把那首古诗写在黑板上，然后摇头摆脑地朗诵一句：“公、无、渡、河”，接着大声喝彩，叫一声“好”！然后再重复地念：“公、无、渡、河，”“好！”“公、竟——渡、河，”“好！”“渡河——而死——，当奈——公何！”“好，真好，实在是好！”梁任公这样自我陶醉地一唱三叹，一声高似一声，并无半句解释，朗诵赞叹过后，就高呼道：“思成，抹黑板，快抹黑板！”思成是任公的儿子，也在班上听讲。黑板擦过，这首古诗就算讲完了……闻先生回忆完后，把声音压低，两手一摊，说：“大师讲学，就是这样！”

而我们梁实秋先生说经他一解释活画出一出悲剧，这是描述梁任公先生讲解这首诗的另一个版本。

师：好，我们来把这四句读一下，读的时候要去想像这首诗背后的两个人的故事，在黄河里面牺牲掉的两个人，这里面有一个很倔强的老公，有一个很伟大的妻子。妻子说：“你不能去啊！”老公执意去了，淹死了，“我也去死吧”。伟大的妻子！

“公无渡河”，一齐读！

生：公无渡河。
公竟渡河！
渡河而死，
其奈公何！

师：再来一遍，“公无渡河”

生：公无渡河。
公竟渡河！
渡河而死，
其奈公何！

师：文字很简单，但是我们联想到这个悲剧的画面，这个感人的故事，内涵就不简单了。所以梁实秋年轻的时候觉得受了巨大的文学感染，20年后还记得这个画面，而且到黄河渡口的时候立马想起了这个画面，可见，文学对人是有巨大的影响力的。

梁启超先生1902年在日本期间写了一篇著名的文章，名字叫做《论小说与群治之关系》，他说“小说以不可思议之力干预人道”，因此主张社会变革首先变革中国的小说，他看到了文学对人心的渗透性作用。这一点孔子早就讲过，为什么他说“无学诗无以言”呢？他主张诗礼教化，用诗歌教化民众，实际上文学对人的感染、熏陶作用是巨大的。中国古代一直强调文学的社会功能，我认为还是具有一定的合理意义的。文学对于人性情的净化、心灵的熏陶还是很有作用的。

师：我们现在读《箜篌引》这首诗的时候可能没有什么感觉，而梁启超先生为什么读得那么有感染力呢？实际上，梁启超先生借题发挥，另有所指！他要借这个“公无渡河。/公竟渡河！/渡河而死；/其奈公何！”来歌颂直面死亡的勇士，比如像谭嗣同，秋瑾这样的，敢于为国家牺牲自己的人，甚至可以理解为这里面那个不怕死的渡河的勇士就有点像梁启超先生自己！他在借文学的演讲表达自己的人生状态！救国理想！所以梁启超先生晚年在用文学来影响后人，培养他们的救国与爱国情怀。梁启超先生的演讲就是这么富有感染力，实质上是梁启超先生本身的为人很感人！他的救世情怀很感人！

师：

先生博闻强记，在笔写的讲稿之外，随时引证许多作品，大部分他都能背诵得出。有时候，他背诵到酣畅处，忽然记不起下文，他便用手指敲打他的秃头，敲几下之后，记忆力便又畅通，成本大套地背诵下去了。他敲头的时候，我们屏息以待，他记起来的时候，我们也跟着他欢喜。

假如文老师某一天讲课讲着讲着突然想不起来了，“想不起来了，想不起来了”(做敲头动作)。梁启超这样的大师讲课也有想不起来的情况，这篇课文不是要称颂梁启超先生吗？怎么写这些毁坏梁启超形象的细节呢？

作者为什么这样写呢？好，这位同学你说说。

生：我觉得这样写很真实。

师：很真实，梁启超先生很有学问这一点是大家都知道，不用怀疑的，但是讲课的时候记忆力发生中断也是很正常的事情。但是在我们演讲时这种情况是不允许发生的，如果你在演讲时敲着你的脑袋说“记不起来了”，那就会直接被扣分，被淘汰。

写梁任公演讲中引证背诵的情景，敲头的动作描写极为真实传神，我们写作文就要写出传神的细节，就要写出这样真实的细节。既写出了梁任公的博闻强识、才华横溢，又写出了他的投入与现场的氛围。读了这样的文字，我们觉得自己也在梁启超先生的演讲现场。而新闻报道却通常忽略了这些真实、传神的细节，新闻只按照它的目的、标准、要求把某一部分事实拎出来。我们有时候为什么要去现场呢？就是因为现场有这样真实传神的细节。有的人认为看电视上国外的风景跟旅游亲自去看效果是一样的，其实那是两回事，亲自过去看你会发现一些传神的细节，它们会告诉你很多更真实更丰富的内容。而写人物就需要这样真实传神的细节。

师：

先生的讲演，到紧张处，便成为表演。他真是手之舞足之蹈之，有时掩面，有时顿足，有时狂笑，有时叹息。听他讲到他最喜爱的《桃花扇》(梁启超先生晚年曾经为《桃花扇》做过注解，他写过很多古代文学家的传记，比如说王安石、辛弃疾的年谱等这些艰苦的工作）讲到“高皇帝，在九天，不管……”那一段，他悲从中来，竟痛哭流涕而不能自已。他掏出手巾拭泪，听讲的人不知有几多也泪下沾巾了！

下面我们来研究一下《桃花扇》究竟是一部怎样的作品，为什么令梁启超先生“痛哭流涕”？

《桃花扇》作者孔尚任，山东曲阜人，孔子六十四代孙，清初诗人、戏曲作家。《桃花扇》是我们十大悲剧作品里面最著名的悲剧作品。中山大学有一个专门研究中国古代悲剧的学者叫做王季思，他编了中国古代十大悲剧作品，《桃花扇》排在最前面。我在读大学的时候对《桃花扇》也非常感兴趣，记得我大学的毕业论文写的就是有关《桃花扇》的内容。

《桃花扇》是一个怎样的剧本？写了些什么内容？

写的是侯方域和李香君的爱情故事，反映的是明朝灭亡这一惨痛的历史，后人评价其“借离合之情，写兴亡之感，实事实人，有凭有据”。当时清初正是考据学极盛时期，影响了作者忠于历史的态度，剧本中绝大部分人物是真人真事，剧本所写的一年中重大历史事件甚至考证精确到某月某日，但由于并不是历史书籍，剧中加入故事情节，人物感情刻画，从深度和广度反映现实，并且有很高的艺术表现力，是一部对后来影响很深的历史剧。

明朝灭亡之时有很多悲欢离合的故事，其中以侯方域和李香君的爱情故事尤其动人，李香君是江淮名妓，是一个有人格，有追求，有骨气的女子。作者借这个故事来表达亡国之痛，写出了有三百年历史的明朝毁于一旦，这种刻骨铭心的伤痛。中国人的悲剧感往往来自于现实生活当中的不如意，朝代更迭、物是人非都会引起中国人的悲剧感，这种悲剧感不同于西方古希腊、罗马的命运悲剧，即人抗拒不了自己的命运产生的悲剧感。

中国人的悲剧感典型的是属黍离之悲，《诗经》中的《黍离》“彼黍离离，彼稷之苗……悠悠苍天，此何人哉”。写过去京城非常繁华，现在“我”从京城走，一片荒凉，蓬蒿满地，成了废墟。面对废墟“我”突然感到，原来那么繁华，现在居然如此凋零，因此发生了物是人非，朝代更迭的感叹，这就是中国人典型的悲剧感。

《桃花扇》是典型的写明朝灭亡的朝代更迭给人带来的伤痛感。其中最经典的曲目是《哀江南》，这里梁启超先生朗诵的是《哭主》这一段，写的是左良玉在黄鹤楼（即武昌）开宴，正饮得热闹的时候忽然接到崇祯皇帝在煤山吊死的紧急信息，于是他悲痛万分地唱道：“高皇帝，在九京（有的版本作“九天”），不管亡家破鼎，那知他圣子神孙，反不如飘蓬断梗！十七年忧国如病，呼不应天灵祖灵，调不来亲兵救兵。白练无情，送君王一命！……

宫车出，庙社倾，破碎中原费整。养文臣帷幄无谋，豢武夫疆场不猛。到今日山残水剩，对大江月明浪明，满楼头呼声哭声。这恨怎平，有皇天作证。……”

大家把这一段自己朗读一遍，然后我们再齐读一遍，梁启超先生读得是泪如雨下。

生：（读书声）

师："高皇帝，在九京"，一起读！

生：高皇帝，在九京，不管亡家破鼎，那知他圣子神孙，反不如飘蓬断梗！十七年忧国如病，呼不应天灵祖灵，调不来亲兵救兵。白练无情，送君王一命！……

宫车出，庙社倾，破碎中原费整。养文臣帷幄无谋，豢武夫疆场不猛。到今日山残水剩，对大江月明浪明，满楼头呼声哭声。这恨怎平，有皇天作证。……

师：原来我们高中课本里面选了《桃花扇》中的《哀江南》一段唱词，那个唱的悲呀，大明江山，三百年到如今残山剩水，过去繁华楼头，今天满眼蓬蒿，眼看他起高楼，眼看他楼塌了！唱尽了中国人的悲剧情结。从历史演进的角度来看，这个地方我们倒不必为明朝的灭亡，为崇祯皇帝的吊死而伤心落泪，梁任公先生在这里为什么读得泪流满面呢？他是不是觉得《桃花扇》写的中国人的悲剧情结与当时的时代有某种联系呢？

其实我们客观地研究历史，崇祯皇帝还是一个很不错的皇帝，虽然他有一些怪癖，比方说过于的节俭。大家知道明朝的江山具体是怎么灭亡的吗？这与我们湖北公安县一个叫做毛羽健的人有关。我给大家讲点历史，这个人，他家里有个悍妻（非常凶狠的老婆），但是作为朝廷重臣的他到50岁还没有娶小老婆，他感到颇为不满。有一天，他就指使他的老婆回湖北公安老家探亲，希望他老婆回去探亲的时间越长越好，这样他就有足够的时间在家里纳个小妾。没想到他老婆很精明，用武汉话说就是很"贼"，原先说定的时间是两年，结果她只回去了三个月就回来啦。毛羽健在家里纳了小妾还没有尽兴，听说自己老婆回来了，非常恼火。

明朝有一个制度：公共驿站制度，这个公共驿站制度很发达的，李自成就在陕西的一个驿站里当马夫。过去的时候，公家为了传递信息在很多地方修了一些驿站（相当于我们现在的接待站)，里面有吃饭的，有住宿的，有送信的。毛羽健的老婆就是通过驿站迅速得到毛羽健在家里的消息，于是很快就赶回去了。毛羽健对他的老婆有气不敢出，把气发在驿站身上，立马向崇祯皇帝奏了一本说天下驿站非常不合理，全国两万多个驿站，那么多人马需要供给，不如撤掉算了，可以节约一大笔开支。崇祯皇帝又是一个非常节俭的人，一听说驿站浪费巨大，觉得很有道理，于是下令撤掉全部驿站。这一撤就撤掉了一个人的工作，一个著名的人物下岗了，这个人物是谁呢？

生：李自成。

师：李自成揭竿起义，“妈的！皇帝把老子搞下岗了，我也要把他搞下岗!”(学生笑)

李自成一起义，张献忠等各路起义军都起来了，于是明朝的江山就没了，就是这么一回事。崇祯皇帝，严格地讲，他个人在生活方面还是要求很严格的。但是专制统治时间长了，各种毛病不是一天两天可以修复的了，所以崇祯皇帝在吊死前把自己的女儿也杀掉了，为什么？他深知她们也不会有好结果。他认识到这个制度带来的巨大问题，而且他最后讲了几句非常具有悟性的话，他认清了专制制度的危害，人们发现崇祯皇帝尸体时，见其披发掩面，身穿蓝衣，左足赤露，右着朱靴，衣前书写一段文字：“朕自登极十七年，逆贼直逼京师。虽朕薄德藐躬，上干天咎，然皆诸臣之误朕也。朕死无面目见祖宗于地下，去朕冠冕，以发覆面，任贼分裂朕尸，勿伤百姓一人。”明史曾经记载，他在母亲寝宫的椅子上睡着了，周太后让人给他盖了件袍子。结果崇祯皇帝醒来发现那是他父亲的，道：“继承父亲大统，未能中兴大明，愧对先皇。”母子两人相对而哭泣！事实上，明朝早在崇祯皇帝即位之前，就已名存实亡了。明朝的皇帝，除了太祖朱元璋、成祖朱棣外，真是没一个说得过去的，有几十年不上朝的皇帝，有喜欢做木匠的皇帝，有替自己亲爹妈争名分而与大臣打了多年口水仗的皇帝，有喜欢封自己做什么将军、什么侯的皇帝，有喜欢自己乳母的皇帝，有死于红丸的皇帝，有喜欢微服私访调戏良家妇女的皇帝，真是一塌糊涂到了极致。

当然，清朝时满族是外族，我们中国人认为外族入主我们汉族，那简直就是要亡国，所以清兵入关后，很多带有民族情绪的中国人拼命抵抗，认为如果明朝灭亡就是亡国了。大家看一看历史，扬州屠城，扬州当时是20万人口的城市，被清兵杀的只剩下17个人了，全部英勇抵抗，壮烈牺牲，就像日本鬼子南京大屠杀那样的。对于外族入侵，中国人早就有经验教训的，外族人来了没有好事情，这样也激发了中国人强烈的爱国情绪。

《桃花扇》唱出的就是民族情绪，亡国破家之恨。我考虑梁启超先生为什么在这个地方读的泪如雨下，因为梁启超先生是一个爱国心非常强的人，这就是梁启超在这个地方读得痛哭流涕的原因。

师：下面我们来看两则梁启超先生的轶事。

有个学者叫蒋百里，从德国回来，写了一篇《欧洲文艺复兴史》，洋洋洒洒5万言，梁启超阅完后大为赞赏，蒋百里便请他为此书作序，梁启超序言竟也达到5万字。这样，序言和书内容的字数一样多，梁启超想来想去不好意思，只好加了一个短序，自己把这个长序单独出版了，等到梁启超的这个专著要出版了，他又邀请蒋百里给他的这篇序言做一个短序，说是“我的专著是因为给你写的序而完成的，这叫双方互序”。

1925年阴历7月初7，徐志摩和陆小曼结婚，由胡适先生出面请梁启超先生作证婚人，梁启超暗地里是反对他们结婚的，一个是“使君有妇”，一个是“罗敷有夫”，这样的恋情他是不赞成的，他也曾经多次劝阻过徐志摩。双方都是曾经结过婚的人——陆小曼在上海也结过婚的，徐志摩跟张幼仪结过婚。梁启超反对他们两人的结合，因为梁启超当时正和康有为主张一夫一妻制。

梁启超在美国檀香山考察半年，有一个华侨的女儿曾经爱上过年轻潇洒又有强烈爱国心的梁启超，但是梁启超迫于无奈最后回绝了她，这是他人生中一桩刻骨铭心的爱情。他很率真，把这件事情写信给他老婆讲清楚了。梁启超的老婆是他在18岁参加考试的时候，那个考官看上他了，把自己的侄女嫁给了他。

这位华侨的女儿叫何慧珍，她的英文非常好，曾担任梁启超在美国的翻译。梁启超在美国发表很多保皇观点，因此有很多人反对他，在报纸上用英文写文章攻击他，而他又不懂英文，后来有人以梁启超的名义写了很多经典的文章来应付、回击那些反对梁启超的人，文章写得妙不可言，而梁启超自己却搞不清到底是谁帮他写的，其实这个人就是爱上他的姑娘何慧珍。可惜这段爱情没有成为现实，为什么呢？因为梁启超先生正在主张一夫一妻制，他自己也“深受其害”了。（全班笑）

因此梁启超也反对徐志摩和陆小曼结婚，但是胡适请他来做证婚人，碍于面子，他不得不做啊，在婚礼上，他是怎么证婚的啊？他竟然对两个人用情不专，大声呵斥，滔滔不绝，使满堂宾客瞠目结舌，以致徐志摩跪下来哀求：“先生你给学生留点情面，今天是我结婚啊，千万别这样啊。”他大骂一顿，方才罢休。

梁启超先生就是这么一个人，一个率真的人，把“率真”这两个字记下来，一个很天真的人。你们见过谁结婚时证婚人在婚礼上大骂这两个人不应该谈恋爱啊?！严厉指责：“你们这两个，一个是有妇的，一个是有夫的，还结什么婚?”这叫可爱，这叫率真！

师：现在我们看到课文注释1啊，梁启超（1873—1929年），字卓如，号任公，又号饮冰室主人，“饮冰室”是怎么来的？搞学问的人要清楚，“饮冰”来自庄子《人间世》，“饮冰”形容十分惶恐焦灼，出自《庄子·人间世》：“今吾朝受命而夕饮冰，我其内热与?”就是说“我”的内心焦灼不安，所以要喝冰水。梁启超于戊戌变法逃亡日本后，用“饮冰室主人”为笔名，这一笔名非常真实地反映了他忧国忧民的忧心如焚的情怀。国家糜烂至此，感觉救国救民非常急迫，因此要饮冰。因此自号“饮冰室主人”，他的文集叫《饮冰室文集》，这个典故大家要了解。

师：好，我们看下面：“又听他讲杜氏讲到‘剑外忽传收蓟北，初闻涕泪满衣裳……’先生又真是于涕泗交流之中张口大笑了。”哭了一会儿，又笑起来啦，梁任公为什么要笑起来呢？我们来研究杜甫的这首诗《闻官军收河南河北》，请位同学给我们读一下，范文蓝，你读吧。

生：

闻官军收河南河北

杜　甫

剑外忽传收蓟北，初闻涕泪满衣裳。

却看妻子愁何在，漫卷诗书喜欲狂。

白日放歌须纵酒，青春作伴好还乡。

即从巴峡穿巫峡，便下襄阳向洛阳。

师：好，读得很准确，注意一下，这个“蓟”读 jì（四声）。“白日放歌须纵酒，青春作伴好还乡”，什么意思？请位同学给我解释一下，贺思南。

生：白天里一边喝酒一边唱歌，青春的时候结伴回家。

师：“青春”是什么意思啊？有知道的讲一下，这里不是“青春年少”的“青春”啊，这里是指的“春天”。

大家知道杜甫是一个忧国忧民的人，一个自己穷困潦倒，还要操心别人有没有饭吃的人，一个把老百姓的安危时时都放在心中的人。他听说安史之乱结束了，心想这个叛军占领的“蓟北”终于被官军收复了，那个高兴啊，那个喜悦呀，要命！

“剑外忽传收蓟北，初闻涕泪满衣裳。却看妻子愁何在，漫卷诗书喜欲狂。”

“却看”，是回头看，妻子愁何在呀？愁已经没有啦，她正在卷诗书准备回老家。所以，要放歌，要喝酒来庆祝。

有人说这是杜甫的第一快诗，把这个评论记在旁边。杜甫写的诗大都是忧愁、悲伤、哀痛不已的诗，而这首诗是他第一首表达自己快乐情绪的诗，杜甫为什么而高兴呢？为国家伤乱的结束而高兴，为民众在动乱之中受苦受难的结束而高兴。我们梁任公先生读到这首诗的时候，居然于涕泗交流之中张口大笑了。

这些声泪俱下的朗诵，表现了梁启超先生什么样的特点呢？为什么又写他哭又写他笑，文老师要在课堂上又哭又笑的，你们会怎么样？

（生讨论）

师：有点神经不正常了，是不是？觉得这老师一定是疯了，但是梁启超先生，大师就是这样的，又哭又笑的，写他又哭又笑是表达他的什么情怀呢？

（生思考）

师：多愁善感？像林黛玉一样吗？动不动就哭起来了。难道梁启超先生就是这样一个多愁善感的人吗？

（生讨论）

师：还能不能读出梁启超先生很伟大的地方呢？王远鑫，请你回答一下。

生：比较有感情。

师：比较有感情，当然是有感情，没有感情就不会哭不会笑，问题是这里表现的是什么感情呢？他为什么读《桃花扇》痛哭流涕，读杜甫的这首诗又狂笑？

生：对民族存亡和国家……

师：对民族国家的感情，忧国忧民的感情，好的，你已经讲到这一点了，请坐，我帮你总结一下，请大家记下来。

这里要表现的就是梁启超先生一片赤诚的爱国心，梁启超先生就是这样一个赤诚的，有爱国心的人。他是要通过对这些文学作品的朗读，来表达对祖国母亲的热爱，表达他渴望救国救民于水火的那种满腔的赤诚。你们能够理解梁任公先生么？

如果站在这个高度来看他，就不会觉得他又哭又笑是一种很可笑的行为，而是一种很真诚的，能够动人的行为，是伟大的行为！梁启超先生是一个特别爱国的人，但是这里我们要注意啊，梁实秋先生写梁启超的这个特点，他没有直接说梁启超先生是赤诚爱国的，而是通过直接描绘演讲中的细节来表现的。

师：我现在正在看你们这次写的作文啊，有一个很大的问题，有很多同学写记叙文不像记叙文，更像班主任给你们写的评语，“我”这一段高中生活以来啊，有紧张、有忧虑、有自卑，也有骄傲，这些概念性的语言太多，而没有怎么自卑的细节，没有怎么骄傲的细节，这样的作文能感人吗？

梁实秋先生是文学大家，你们看他写梁任公先生是怎么写的啊？直接写他什么，朗诵的那个画面，这告诉我们什么，写作的时候一定要注意细节的描写，文老师送给同学们一句很经典的话，请大家记下来。细节是什么呐？细节是灵魂的真实表象（板书）。

要明白这个道理，而文学作品、记叙文，突出的应该是形象，要用形象本身来说话，而不能直接概括你要表达的某种意象。

我们有一部分同学在初中没有得到良好的训练，不知道写记叙文要重视细节、重视形象，而是像老师写评语一样，这样的作文是绝对得不了高分的。

师：你们看看，梁实秋先生是怎么写的？写开场白是为了表达梁启超先生的独特个性，写他的声音是为了表达他的沉稳和睿智，写他的演讲的内容是为了讲梁启超先生的演讲很富有感染力，梁启超先生是一个很有感染力的人吧？全场都鸦雀无声，都跟着他的情感在起伏在波动，这个人的演讲是成功的。

写他的表情，酣畅淋漓、情感丰富；写他的肖像，风神潇洒、光芒四射；写他的神态，生动有趣；写他的动作，手之舞之足之蹈之，又哭又笑；只是在最后才有一句话，总结了梁启超先生，写了一句评语，一句评语是需要的。写记叙文，在大量的形象的基础上，点题式经典的概括是可以的，尤其是高中生写作文，来一句经典的议论是可以的。

师：那么梁实秋先生是怎么评价梁启超先生的？

“有学问、有文采、有热心肠，求之当世能有几人呐？”这就是梁实秋先生心目中最深刻印象的梁启超！下面我们还要发挥一下，这“有热心肠”是最了不起的评语，这句话虽然平常却很深刻，有学者这样评论梁启超，说他“书生本色，情意为上，磊落其身，是性情中人”。把这句评语记下来。梁启超“书生本色，情意为上，磊落其身，是性情中人”。他每次听别人提起他的亡友，戊戌变法中甘愿自我牺牲来唤醒国人的亡友谭嗣同，他就满含泪花，俯首低徊，不能自已，这就是梁启超先生。

还有一句话很重要，说这次演讲啊，梁启超先生一共讲了三次，每次讲过先生总是“大汗淋漓、状极愉快”，同学们，讲一堂好课是不容易的，你们可以试试上来讲一讲。梁启超先生的满腔爱国情怀都灌注在自己的演讲当中，他是渴望干什么啊？用自己的演讲来培养后人，来改变国人的心态，使老百姓都变成新民，所以他是用整个生命在演讲，他的演讲的绝妙，妙在是他生命的美妙的歌唱！所以你别看他这八个字“大汗淋漓、状极愉快”，把这八个字打个记号，“大汗淋漓、状极愉快”，这是一个演讲的最高境界，这是演讲的极致，这也是一个充满爱国情怀的大师对后人做的榜样。

说到他的热心肠，我想起了杜甫的《咏怀五百字》，什么叫热心肠？杜甫曾经有他独特的表达，叫做“穷年忧黎元，太息长内热；取笑同学翁，浩歌弥激烈；非无江海志，潇洒送日落”。把这前面两句记在课本上，什么叫热心肠？杜甫就叫热心肠。“穷年忧黎元”，“黎元”就是老百姓，在文言文里面，这个“黎元”又写作“元元”，陈子昂就写过诗“忧济在元元”，这个“元元”就是老百姓，又称“黎民”，“黎民”也是老百姓。替老百姓的命运担忧叹息啊，肠子里面都是热的，滚烫的，这说明“我”忧心重重，为的是老百姓，不怕被同学翁取笑，我的浩歌更加激烈。“朱门酒肉臭”，也有人读“xiù（第四声）”“xiù”也可以，就是“气味”的意思，“路有冻死骨，枯荣至此已，惆怅满载腹”，这个阶级性的忧闷啊，用马克思主义的话讲，就是阶级矛盾极其的尖锐，老百姓这么贫穷，统治阶级这么奢侈，“我”简直是无法表述我心中的悲愤呐，这就叫热心肠。

师：总结一下，在梁实秋先生的眼里梁启超先生是一个有思想、有个性、情感丰沛、沉稳睿智、潇洒、热心肠还有谦逊的大学者，这就是梁实秋笔下的梁启超。

今天我们给大家介绍了两个梁启超，文老师把他作为一个文化人，作为一个爱国者，给大家作了一个详细的介绍；梁实秋先生从演讲的角度把他做了一番生动的描述。最后我们还介绍一点他的轶事，表现梁启超先生伟大情怀的轶事。

有一个轰动一时的梁启超被西医割错腰子的案件，就是一个医疗事故，1926 年 3 月，梁启超因尿血症入住北京协和医院，经透视发现他的右肾有一个黑点，诊断为肿瘤，协和医院自作主张把他的右肾给切除了，手术下来发现右肾只有一个樱桃大小的肿块，不是恶性肿瘤，切错了。梁启超的病症并没有消除，仍然尿血，且查不出原因。医生就将此诊断为“无理由之出血症”。我说这世界上有两大危险职业：一是医生，一是老师。老师也绝不承认自己水平差的，他只说这个学生很坏，基础太差。

这个案件在当时引起巨大的社会反响，因为梁启超非同一般的老百姓，尤其是一些文化名人纷纷指责协和医院，矛头直指协和医院，嘲讽西医，拿病人当试验品或当标本，医院一时面临巨大的舆论压力。而梁启超先生反而写文章替协和医院讲话，他说：“关于我的病和协和医院，我盼望社会上不要借我这回病为口实，生出一些反动的怪论，为中国医学之前途、之进步置障碍。”这里表现了梁启超先生什么样的胸怀啊？

我们一附中原来有个老师叫李培勇，现在在海南岛工作，他去医院里拔牙，拔完后回来一看，哇，另一边的牙齿被拔了，而本来应该拔的那颗牙齿却没有拔（学生笑）。他跟医生讲要拔左边的啊，医生站在他的右边，他以为这边是左边，不问青红皂白就把右边的牙给拔下来了。

但是我们的梁启超先生是怎么做的啊？以极大的宽容，这种伟大的胸怀，宽容了这个医院，这就是伟大的梁启超先生。

最后，我们齐读他的《少年中国说》这个经典的文章，来结束我们这一课。

“少年智则国智”，来一起读！

生（齐）： 少年智则国智，少年富则国富，少年强则国强，少年独立则国独立，少年自由则国自由，少年进步则国进步，少年胜于欧洲，则国胜于欧洲，少年雄于地球，则国雄于地球。红日初升，其道大光；河出伏流，一泻汪洋；潜龙腾渊，鳞爪飞扬；乳虎啸谷，百兽震惶；鹰隼试翼，风尘吸张；奇花初胎，矞矞皇皇；干将发硎，有作其芒；天戴其苍，地履其黄；纵有千古，横有八荒；前途似海，来日方长。美哉，我少年中国，与天不老！壮哉，我中国少年，与国无疆！

师： “壮哉，我中国少年，与国无疆！”中华民族的希望就在你们身上，同学们，“壮哉，我中国少年，与国无疆！”你们是中国的少年。

好，我特意安排了10—15分钟给大家写一篇上了这篇课文的感想，题目叫做《我心中的梁启超》，可以把文老师讲课的许多内容，包括梁启超先生的诗词都引用进去。200字到300字，迅速动笔，或者叫《我心中的大师》。

整理：文艳艳

但将沉醉唤悲凉
——《故都的秋》课堂实录

点评：钱理群　授课：文勇

◎钱理群点评：

诗有诗眼，文有文眼，好的老师的一堂课也有“课眼”。文老师的这堂课的“眼”，就是这句话：“读书要细细品味，读书要读到书的背后去。”这是点睛之笔：文老师这堂课就是要引导学生细读文字，品味文中之意，文后之意，文外之意。这也是抓住了郁达夫这篇课文的特点的，“笔触细腻”正是郁达夫的文字风格，而他的文字背后的深意，又是今天的学生所难以领悟的，因此，需要老师引导，细细地读。听文老师逐字逐句地讲析郁达夫笔下的“芦花”、“柳影”、“夜月”、“钟声”，体味“驯鸽的飞声”、“牵牛花的蓝朵”引发的听觉、视觉，脚踏“落蕊”时“一点点极微细极柔软的触觉”，还有“秋蝉的衰弱的残声”，“下得奇，下得有味，下得更像样”的“秋雨”，最后一起欣赏缓缓出场的“都市闲人”。这又是一种享受，对有生命的文字之美的享受，这应该是语文教学的重要功能。

这使我想起了福建一中的著名老教师陈日亮先生所提出的语文教育中的“文心”的概念，即“文”从“心”出，“心”在“文”里。语文教育就是要引导学生，在潜心品味、琢磨、把玩文字的过程中，达到和作者的“会心”，引起心灵的共振。应该说，文老师的这堂课就是这样的“因文会心”的成功尝试。我曾经由陈老师的“文心”概念，对语文学科的性质及人文精神熏陶、语文能力训练的关系作过这样一个概括：“语文课是培育‘文心’的学科。

它对学生的心灵影响，主要是因‘文’而及‘心’，人文精神的熏陶，也必须落实到‘文’上，通过语言文字的熏陶与训练而育其‘文心’和为‘文’的能力和习惯。这两者应是同一个过程，既没有无‘心’之‘文’，也没有无‘文’之‘心’。”(《以心契心的交流，弥足珍贵的个案——陈日亮《我即语文》序》，收《钱理群语文教育新论》）——这已超出了“点评”，就此打住。

师：上课！同学们好！

生：老师好！

师：请坐！把刘海粟先生怀念郁达夫的诗齐读一遍，“读罢新书慰旧怀”，读！

生：

读罢新书慰旧怀，见儿疑是父归来。
一天雷雨勤编织，半纪风云细剪裁。
同岁三人惭我健，环球万众为兄哀。
中宵忘却文星坠，题画诗成惜梦回。

师：最后一个字要读 huái，与前面押韵。刘海粟说：三个同年人——徐志摩、郁达夫、“我”，现在很惭愧只有“我”还活着，其他两个都死去了，他们是天上的文曲星呀！这么好的诗记下来了没有？至少也要记最后两句“中宵忘却文星坠，题画诗成惜梦回。”这个“惜”就是爱的意思，“我”为这位兄弟题诗作画，写成之后在梦中见到他感到很高兴。

刘海粟先生还讲了：达夫不是终日追求永垂不朽的作家，他只是记录了当时的生活感受，作品是流出来的，不是专门在文字上雕琢的唯美主义，也不是每篇文章都具有永恒的魅力。这里面有句话是最重要的：作品是流出来的。郁达夫的作品是他真实人生感受体验的结晶，如行云流水自然而然，这一点体会是很深刻的，刘海粟说：“我在几十年前读到他的《采石矶》、《春风沉醉的晚上》、《薄奠》，整个身心都受到艺术冲击波的摇撼，作品中写的环境人物，那样的历史题材，对我来说都可看得清楚甚至触摸得到。”

师：下面我们就来具体研究课文，看看郁达夫给我们展现了一个怎样的故都的秋天，他深深热爱的秋天。文章一共写了五幅画面，这些画面之优美之个性化是近代散文当中少见的。

先看第一段。

秋天，无论在什么地方的秋天，总是好的；可是啊，北国的秋，却特别地来得清，来得静，来得悲凉。我的不远千里，要从杭州赶上青岛，更要从青岛赶上北平来的理由，也不过想饱尝一尝这‘秋’，这故都的秋味。

北京话叫“味儿”带儿话音。我们通常把这一段文字看成是全文的纲领。其中有三个关键词，它们是笼罩全篇情感色彩的关键词，请找出来，是哪三个?

生：“清”、“静”、“悲凉”。

师：非常准确！“清”、“静”、“悲凉”，作者为什么独独欣赏“清”、“静”、“悲凉”呢?

这与作者独特的人生感受甚至他独特的个性气质有关，等会儿我们要专门的研究。文学是具有个性色彩的，大家都写一样的，都欣赏一样的就没有文学存在了，文学存在的理由就是要让我们去欣赏独特的、不同的个性以及丰富的独特的人生，或者说人生形式。

师：以下作者将北国的秋与南国的秋作了一个比较，他说：

江南，秋当然也是有的”，但是它有个问题啊，和北国的秋比起来，“它的草木凋的慢，空气来的润，湿润了一点，北方的干燥一些，天上颜色显得淡，北方的深些，而且又时常多雨而少风，一个人夹在苏州，上海，杭州或者……混混沌沌的过去，只能感觉到一点点清凉，秋的味儿，秋的色，秋的意境和姿态，总看不饱，尝不透，赏玩不到十足。

作者对秋天的那种感觉呀，他用了三个动词，（请记住，做上记号。）即“看”、“尝”，这还不够，还要干什么？“赏玩”！什么叫“赏玩”？欣赏品味！

“秋并不是名花，也并不是美酒，那一种半开、半醉的状态，在领略秋的过程上，是不合适的。”一个没有开完的花，一瓶不能醉人的酒，都是有缺憾的，就像南国的秋。只有北国的秋才算是真正的秋，才有真正的味道。

师：下面，我们要研究的是郁达夫为什么独独欣赏北国这种秋的特色呢？

“清”、“静”、“悲凉”，南国之秋让人看不饱，尝不透，玩赏不足，那么要真正的欣赏秋天，必须到北国，到故都，注意这里面他提到两个概念，“北国”与“故都”哪个范围大一些？

生：北国！

师：哪个具体些？

生：故都！

师：好！郁达夫写的就是具体的故都，题目叫《故都的秋》，我们来看他身在南国想到的北国之秋有哪些特色，并且是独具个性色彩的特色。他说：

“不逢北国之秋，已将近十余年了。在南方每年到了秋天，总要想起陶然亭的芦花，钓鱼台的柳影，西山的虫唱，玉泉的夜月，潭柘寺的钟声。”

你们有没有到过北京的？感受到北京有什么特点？

生：我觉得北京有很多名胜古迹，是一座文化古都，人文环境很好，也很繁华！

师：名胜古迹，文化古都，给人一种文化很厚重的感觉。一个青少年去北京旅游，看见的是它的繁华、热闹。长城的巍峨、故宫的恢弘，那种文化的厚重，现代化建筑那种令人惊讶的成就，仅仅国家大剧院这一栋建筑就花了几十个亿。但是我们郁达夫先生看不见这些，他也并不想这些，他看见的是什么？

有“陶然亭的芦花”，“芦花”就是那种江边、河边生长的芦苇的花，白色的那种，风一吹就飘起来。这种花有什么特点？他为什么想到这种花呢？很普通，很朴素！把这一特点记下来，这是一种很普通、很朴素的花。

他想到了“钓鱼台的柳影”，柳树在春天是充满生机的，令人流连忘返的，但是到了秋天，它就没有那样的生机和活力，而显得很萧条了。“西山的虫唱”，“西山”是郊外，“虫唱”可能是蛐蛐的声音。西山的虫唱有什么特点啊？到郊外去听一听虫唱，即是到了野外，就有一种野外的趣味，是有闲心的人才去的，如果我们在假期里没有什么事儿，很消闲的时候才会去听，这就是一种野趣，记下来！“玉泉的夜月”，作者特别欣赏、怀念的是玉泉的夜月，玉泉山那个地方很宁静。“潭柘寺的钟声”，潭柘寺是一个很著名的庙，庙里面的钟声是怎样的呢？显得很悲凉！

郁达夫渴望见到的景物不是我们年轻人想见到的那种热闹的、繁华的、现代化的，而是和我们的审美选择刚好相反，是朴素的，萧条的，是宁静的，具有野趣的悲凉之景。这告诉我们他要回避什么呢？

生：他要回避繁华热闹。

师：对！郁达夫对美的欣赏情趣集中在那些萧条的、悲凉的景物上面，因此他要刻意回避热闹，回避繁华，而去追逐宁静、悠远、悲凉，甚至是生命的凋零。他为什么会这样呢？

郁达夫还讲了“在北平即使不出门去吧，就是在皇城人海之中，租人家一椽破屋来住着，早晨起来，泡一碗浓茶，向院子一坐，你也能看得到很高很高的碧绿的天色，听得到青天下驯鸽的飞声”。为什么要租一间破屋呢？租房子不租条件好的，有空调等现代化设备的，反而要租间破房子，这是为什么呢？

生（鲁晓炜）：他想找一个清静自然的地方。

师：那他为什么不到荒野上去呢？那儿更加清静自然嘛！他写的是哪个地方的秋呀？故都！文中这一地方很好地与“故都”相呼应，他租一椽破屋来住着，更显出了故都的特色，故都就是有历史沧桑感的，以什么来显示它的“故”呢？时间之长久，外形之破旧。所以说郁达夫欣赏的是有历史文化内涵，有沧桑感的破旧的故都。

“泡一碗浓茶”，这里“浓茶”的特点是回味深远，太淡了不行，没有味道。“向院子一坐，你也能看得到很高很高的碧绿的天色”，欣赏那“很高很高的碧绿的天色”，这是北方特有的天色。对于这种深秋的天色，作者体验得特别的深，没有生活经验的人是写不出如此深刻传神的文字的。所以优秀的艺术品都是与生活经验直接相连的，而且连得非常紧。

还有“听得到青天下驯鸽的飞声”，一个年轻人，一个奔忙于事务的人，他可能听不见这种声音，只有一个到了中年，人生很没落，很悲哀，很无奈的境况中的人才最有可能听到这样的声音。所以今天我们与其说是欣赏故都的美，倒不如说是来了解中年郁达夫人生的苍凉。这里他非常明显地向我们表达出自己要追求的是远离繁华，远离政治的，宁静优美，悲凉清静的故都，到那里去静静的体验人生的味道。

师：我们来看下文：“从槐树叶底，朝东细数着一丝一丝漏下来的日光，或在破壁腰中，静对着像喇叭似的牵牛花（朝荣）的蓝朵”，这里“破壁腰”指一块破墙半中央长出来一株牵牛花。“我”要欣赏那样牵牛花的蓝朵，牵牛花是什么样的呢？我这里有图案，大家可以看一下。

“说到了牵牛花，“我”以为蓝色或白色最值得欣赏，紫黑色次之，淡红者最下。”我们分别找到了这样的图片，这是蓝色或白色最佳的，这是紫黑色的，前面这个是淡红色。同样是牵牛花，作者为什么要做这样一个色彩的区别呢？同学们想想看，为什么淡红色、紫黑色他觉得不好呢？大家感觉出这里面的奥妙没有？他这样分未免太个性化了点吧？

生（张锶源）：我认为这样区分突出了作者观察很细致，色彩他其实并不在乎。

师：你认为这里是突出了作者观察得细致，色彩他其实并不在乎。可他明明说了什么为佳，什么次之，什么最下嘛，很明确地说明了"我"最喜欢哪种颜色，最不喜欢哪种颜色。他最喜欢蓝色和白色，最不喜欢的就是淡红色。

生（王远鑫）：鲜艳的颜色不适合他。

师："鲜艳的颜色不适合他。"说得非常准确！他就是要逃避鲜艳，追求暗淡，越暗淡的地方他越想去，越暗淡的花他越欣赏，越鲜艳的他越不欣赏。从中我们看出了郁达夫独特的审美倾向——欣赏宁静的、幽僻的、悲凉的、淡雅的甚至是萧条的美。那么他为什么会有这种美学倾向呢？我们来研究一下他的身世。

三岁丧父，全家祖孙六人靠母亲一人支撑，姐姐被送给人家当了童养媳，母亲在1937年，就是七七事变发生的这一年，被活活的饿死，生活拮据使他养成了抑郁的性格，同时情感脆弱，有一点女性化的特征——敏感，多情，极容易受伤，就像林黛玉一样，一点小事就会哭一场。小学毕业后到外地求学，少小离家使他性格中总有一种化不开的感伤、缠绵、眷顾和痴迷，眼中所见充满凄清和忧伤。二十几岁又得了肺结核，由自谦的心理发展到自我作贱的地步。这是郭沫若写关于他的文章里面回忆的。郁达夫有两句诗很准确地传达了他这个时候的心情，请把这两句诗记下来，"旧梦豪华已化烟，渐趋枯淡入中年"。年轻时候那些美好的梦想都化成了云烟，现在发现"我"什么样的梦想都实现不了，人到中年心情寡淡，就是他所说的"渐趋枯淡入中年"。人生有时候很残酷的，同学们，年轻时候有很多美梦实际上多半都是实现不了的，失败是人生的常态，成功只是一个极偶然的变态。但是，对你们，我不可以讲过多失败的悲哀，而是要多鼓励你们，还是有人成功了，而且成功的标准不一，你觉得尽了自己最大努力做到最好就算成功。但是对郁达夫来讲，他的世界是悲凉的。

说到牵牛花，“还要在牵牛花底，教长着几根疏疏落落的尖细且长的秋草，使作陪衬”。除了色彩暗淡之外，他还欣赏枯草的陪衬，为什么欣赏枯草呢？枯草的美在哪里呢？我们文艺理论家们发现了郁达夫欣赏的不是生命的蓬勃昂扬的美，而是生命凋零惨败的美，他欣赏的是生命凋零惨败的美。他直面生命的凋零，也许衰败的植物更能启示生命的周期，惨败凋零也值得我们欣赏，就好比一个人成功之后固然值得高兴，但失败之后更能让我们深刻体验人生的味道。我刚才讲失败是人生的常态，而郁达夫就是人到中年更加深刻体验到了人生的苍凉，所以他欣赏的情趣跟我们不一样，他欣赏的是那种悲凉惨败的美，这是他的个性。

师：一起来看下面一段：

北国的槐树，也是一种能使人联想起秋来的点缀。像花而又不是花的那一种落蕊，早晨起来，会铺得满地。脚踏上去，声音也没有，气味也没有，只能感出一点点极微细极柔软的触觉。扫街的在树影下一阵扫后，灰土上留下来的一条条扫帚的丝纹，看起来既觉得细腻，又觉得清闲，潜意思下并且还觉得有点儿落寞，古人所说的梧桐一叶而天下知秋的遥想，大约也就在这些深沉的地方。

现在正是落蕊的季节，车子停在树下，第二天早晨车上洒了一层的落蕊。大家知道落蕊是什么吗？就是凋谢了的花瓣，而郁达夫特别欣赏的正是落蕊满地，这里从几个角度来写他对这个落蕊的感觉？看落蕊满地，想梧桐一叶而天下知秋，感觉悲凉，无声无味，极柔软，极微细。作者从各个角度来写对落蕊的感知，写得极其细腻。文老师有时会在你的作文上批了一句“你的文章写的笔触细腻”。什么叫“笔触细腻”？这就叫细腻，写了落蕊无声无味，柔软微细，从听觉，嗅觉，触觉，视觉多个角度来表现它，这是没有生活体验的人绝对写不出来的。

作者为什么对落蕊这一衰亡的象征物特别有感觉呢？著名文艺评论家孙绍振老师说“郁达夫是一个对生命的消亡有深邃感觉的作家”。把这句话记下来！

刘勰在我国古代最经典的文艺理论著作《文心雕龙》里面讲了这么一句经典的话：“物色之动，心亦摇焉。”一个诗人，一个作家对客观外物的运动变化是极其敏感的，是心为之摇动的。“物色之动，心亦摇焉。”我们感觉到郁达夫的心跟着故都的秋摇动、振荡，而他的感觉又是那么的细微，那么的敏感，甚至有点女性化的特征。作家都是敏感多情的，没有感情的人，眼睛视而不见的人是写不了作品的。

说到这个衰亡的象征物落蕊，我们来欣赏王国维的词《蝶恋花》：

阅尽天涯离别苦，不道归来，零落花如许。花底相看无一语，绿窗春与天俱莫。

待把相思灯下诉，一缕新欢，旧恨千千缕。最是人间留不住，朱颜辞镜花辞树。

把最后两句诗抄下来，“最是人间留不住”的是什么呢？“朱颜辞镜”！同学们你们现在年轻美貌，等某一天在镜子上一照，“完了，我老了！”悲伤！“花辞树”这个“辞”是别的意思，生命的凋零是永恒的，衰败是常态，繁华只是暂时的。王国维是一位深深体验到生命状态的伟大诗人。而且他下面这首诗写人生写得非常好，更有一种苍凉的味道。

高城鼓动兰釭灺（xie 油灯熄灭），睡也还醒，醉也还醒，忽听孤鸿三两声！人生只似风前絮，欢也零星，悲也零星，都做连江点点萍！

人生就像那浮萍一样的零星，风前柳絮，随风飘动，这写出了生命的偶然性，人生的悲欢无常。王国维也好，郁达夫也好，他们的心中都有很浓的悲剧情结，人生的悲凉色彩很浓。王国维最后是怎么死的啊？在颐和园昆明湖里投湖自杀的。一代国学大师，一代诗人感受到生命如此的悲凉，没有信心活下去，觉得死是最好的归宿。“最使人间留不住，朱颜辞镜花辞树。”

因此，与其说是郁达夫极敏锐的发现这种落蕊的美，倒不如说是他发现了生命的悲凉！

伟大的艺术从总体上讲是一种发现，是对自我的发现，对生命本质的发现，对社会的发现，对人生意义的发现。郁达夫特别深沉，他的感觉也是高度私人化的，而什么样的人才会有这种的感觉呢？一般人是没有这种感觉的，只有一个贴近自我，能够发现自我的人才会有这样的感觉。有人甚至说郁达夫能够写出这种境界的散文表明了他的自我深化和成熟，这是他自我深化和成熟的标志。这一点我们现在听起来有点玄妙，不一定能够理解。

作者的潜意识里觉得落蕊有点落寞，什么叫“落寞”呢？“寞”是寂寞，“落”是不得意不得志。有个词叫“落拓”，就是这个人在江湖流浪，落拓不得志，而只有深沉的人才能体会人生的寂寞，只有哲人才能体验人生的孤独。无聊属于生物性的人，寂寞属于社会性的人，只有孤独属于形而上的诗人！所以，有人说，表达落寞成为郁达夫最为深邃的艺术追求，借此表达了郁达夫独特的人生况味。

师：接下来作者写秋天北国的蝉的鸣叫。

秋蝉的衰弱的残声，更是北国的特产，因为北平处处全长着树，屋子又低，所以无论在什么地方，都听得见它们的啼唱。在南方是非要上郊外或山上去才听得到的。这秋蝉的嘶叫，在北方可和蟋蟀耗子一样，简直像是家家户户都养在家里的家虫。

作者为什么欣赏北平的秋蝉呢？欣赏就在于一个词，它的声音具有什么特点啊？作者用了哪个形容词来形容它的声音呢？

生：衰弱。

师：“衰弱的残声”，衰弱的嘶叫，这是生命行将结束的鸣叫，这是悲凉的哀叹。你们说一说作者为什么独独欣赏衰弱的嘶叫声呢？

生（黄诗艺）：因为作者欣赏生命凋零过程的美。

师：说得很好！作者就是要欣赏生命凋零过程的美，秋蝉鸣叫后就走向死亡，是最后的哀叫声。作者把秋蝉的鸣叫当作悲凉秋天的一个重要的特征，为秋天的清静悲凉作最好的注脚。而且这里用了反衬的艺术手法，以动来衬静，以有声来衬无声，衬托出秋的清、静、悲凉。

读书要细细品味，读书要读到书的背后去，读到书的反面去，由正面读到反面。古人有一个词叫“力透纸背”，说的就是这个意思，我们读书要把书背后的意义读出来。下面我们请一位同学来试着读一下。“还有秋雨哩，北方的秋雨，也……”黄莎同学起来读。

生（黄莎）：“还有秋雨哩，北方的秋雨，也似乎比南方的下得奇，下得有味，下得更像样。……北方人念阵字，总老像是层字，平平仄仄起来，这念错的歧韵，倒来得正好。”

师：请坐！读得不是很熟啊！有两个地方读错了：一个是“息列索落”，这是个拟声词，是不能分开读的；第二个是“太阳又露出脸来了”的“露”，这里读 lòu，如露脸、露一手。还有一个地方读得不准确，“‘唉，天可真凉了——’（这了字念得很高，拖得很长。)”括号里面注释得很清楚，但是却没有读出效果来。王远鑫，你试一下！

生（王远鑫）：“唉，天可真凉了——”

师：对！“唉，天可真凉了——”这了字念得很高，拖得很长。

可不是么？一层秋雨一层凉了！

北方人念阵字，总老像是层字，平平仄仄起来，这念错的歧韵，倒来得正好。

这里写北方的秋雨与南方的秋雨有什么不同呢？“下得奇，下得有味，下得更像样”，而我们很少有这样的体会，一下雨，我就觉得很烦，觉得不利索，没想到郁达夫却特别喜欢下雨，而且秋天的雨要下得足，下得像一场秋雨，下得“息列索落地”，下他个五天八天的才有味儿。大家想一想，这是一种怎样的情感呢？

师：郁达夫特别提到了一种人，这种人在秋雨中的表现让作者觉得特别有意思，这些人是谁呢？“著着很厚的青布单衣或夹袄的都市闲人。”作者为什么独独欣赏这种“都市闲人”呢？我们来研究一下这样的人有什么样的特点？鲁迅先生可是非常反感这种“闲人”的，他曾多次在杂文中提到“有恶意的闲人”、“无恶意的闲人”，这些“闲人”在他看来都不是好人。

有一位作家叫贾平凹，我读过他写的一部叫做《闲人》的散文集，写的是陕西西安城墙边上的那些人，有老人，也有年轻人，总之都是一些无事可干的人，他们不急不忙，下棋一下就是一整天。北京的闲人则提着鸟笼，有的人的笼子里装的是蟋蟀，他们玩鸟、斗蟋蟀。这些人具有什么特点呢？

具有悠闲生活状态的人一般是人生和事业上都不大有成就的人，没有轰轰烈烈事业的人，是一种失败的人，他们有的是时间，对于秋天的味道也体会得很深。不独是成功的人才能欣赏到人生的美，有一种失败的人更能体验人生的味道，而这种人多半都是都市闲人。因此在郁达夫眼里这些“都市闲人”

是值得一起赏玩，值得称为伙伴的。著名的文艺理论家孙绍振教授分析道："这里的'都市闲人'是典型的'俗'的象征，文中前面写对于衰败景象的欣赏是'雅'的，因此这里有雅趣，也有俗趣。而且把雅和俗完美地结合起来，这是'郁达夫式趣味'的创造。"这就是孙老师的解读，大家能够体会吗？同学们把这句话记下来，"这种大雅和大俗的结合是'郁达夫式趣味'的一个创造"。都市闲人是俗的，被"我"这个有雅趣的人欣赏，这也构成了一种雅俗交融。

悲凉、落寞、深沉、死亡在郁达夫看来等于美，他为什么会欣赏这样的东西呢？郁达夫受到20世纪西方文艺流派象征派的影响，很多中国的诗人都受过象征派的影响，象征派以丑为美，以恶为美，以死亡为美。这里我们可以看到作者欣赏的是一种清静悠闲的生活，失败的人生。创作这篇文章两年以后，郁达夫又写了一篇很长的抒情散文《北平的四季》，他这样写道：

中国的大都会，我前半生住过的地方，原也不在少数；可是当一个人静下来回想起从前，上海的闹热，南京的辽阔，广州的乌烟瘴气，汉口武昌的杂乱无章，甚至于青岛的清幽，福州的秀丽，以及杭州的沉着，总归都还比不上北京——我住在那里的时候，当然还是北京——的典丽堂皇，幽闲清妙。

……

北平的人事品物，原是无一不可爱的，就是大家觉得最要不得的北平的天候，和地理联合上一起，在我也觉得是中国各大都会中所寻不出几处来的好地。为叙述的便利起见，想分成四季来约略地说说。

作者还写道：

在北京住上两三年的人，每一遇到要走的时候，总只感到北京的空气太沉闷，灰沙太暗淡，生活太无变化；一鞭出走，出前门便觉胸舒，过芦沟方知天晓，仿佛一出都门，就上了新生活开始的坦道似的；但是一年半载，在北京以外的各地——除了在自己幼年的故乡以外——去一住，谁也会得重想起北京，再希望回去，隐隐地对北京害起剧烈的怀乡病来。这一种经验，原是住过北京的人，个个都有，而在我自己，却感觉得格外的浓，格外的亲。

师：“我”为什么对北京有如此浓的感情呢？我们看下面红字的部分。

“最大的原因或许是为了我那长子之骨，现在也还埋在郊外广谊园的坟山，而几位极要好的知己，又是在那里同时毙命的受难者的一群。”北京埋着“我”大儿子的尸骨，郁达夫的大儿子在北京死的，因此他一想到自己的儿子，那种思念之切，悲凉之美就会涌上心头。这告诉了我们一些很重要的信息，长子的离去，作者没有办法将他从死神手里拉回来，这是多么令人感到悲哀的事。人生几大悲哀：少年丧父，中年丧子，晚年丧偶。而郁达夫就在中年的时候丧失了自己的儿子，这是人生中最大的悲哀之一啊。

师：课文下面又写道：

北方的果树，到秋来，也是一种奇景。第一是枣子树；屋角，墙头，茅房边上，灶房门口，它都会一株株地长大起来。像橄榄又像鸽蛋似的这枣子颗儿，在小椭圆形的细叶中间，显出淡绿微黄的颜色的时候，正是秋的全盛时期；等枣树叶落，枣子红完，西北风就要起来了，北方便是尘沙灰土的世界，只有这枣子、柿子、葡萄，成熟到八九分的七八月之交，是北国的清秋的佳日，是一年之中最好也没有的 Golden Days。

这个地方写枣子的“淡绿微黄”和悲凉色彩有没有冲突啊？郁达夫不是欣赏悲凉吗？这里枣子正值成熟时期，颜色逐渐变得金黄，这好像与悲凉有些冲突。有没有同学发现这其中的奥秘呢？王夏立你说说看！

生（王夏立）：没发现。

师：陈子婕，你发现没？

生（陈子婕）：也没发现。

师：你们看作者在写枣子树时强调了什么？是那种特别成熟的，还是不太成熟的呢？“八九分”成熟，显示出“微黄淡绿”之时，“七八月之交”枣子似熟未熟的时候，全盛时期不在果实成熟红透，却在将熟未熟的青涩时期。可见作者对故都秋日胜景了然于胸，情感表达含蓄深沉，这里突出的是清秋佳日“清”的特点，作者不是说爱故都秋的清、静和悲凉吗？现在正是枣子成熟的季节，七八月份的时候还没有成熟，你们有没有发现这时候街上卖枣子的特别多。

师：下面我们来总结一下，作者从哪几个方面写了故都秋的特点呢？

秋光、秋色、秋声、秋形。把红色的字记下来。写秋光，有“一丝一丝漏下来的日光”、“玉泉的夜月”、“钓鱼台的柳影”；写秋色，有“很高很高的碧绿的天色”、“牵牛花（朝荣）的蓝朵”、“陶然亭的芦花”、“淡绿微黄”的枣子。

作者特别强调了秋天的声音，有“西山的虫唱”、“秋蝉的衰弱的残声”、“驯鸽的飞声”、“潭柘寺的钟声”。而故都北平感动作者的是秋的形态——“破屋”、“破壁腰”、“秋草”、“落蕊”、“秋槐”和“秋雨”。课文分别从不同的角度来凸显北平秋的清、静、悲凉，这种逻辑安排是非常严密工整的，也是经得起推敲的。

师：课文后面有一段议论的文字，有专家质疑这一段存在的合理性，正如前面我们学习的《荷塘月色》第三段一样，他们认为这些议论性的文字实际上是没有必要的，但是我们想一想，他们有这样的一段感触，就如同我们同学们在写杂记的时候抒发感想一样是无可厚非的。

“有些批评家说，中国的文人学士，尤其是诗人，都带着很浓厚的颓废色彩”，有人指责批评郁达夫有浓厚的颓废色彩，郁达夫回应说：外国诗人又何尝不是呢？他总结道：“足见有感觉的动物，有情趣的人类，对于秋，总是一样的能特别引起深沉，幽远，严厉，萧索的感触来的。”这告诉了我们郁达夫的美学观，他欣赏的就是这种萧索、幽远的美，对衰败的生命过程的推敲更能勾起我们对于生命的感叹，这何尝不是一种美呢？在郁达夫看来这就是我们感叹生命的一部分，这样一分析我们就发现这一段的存在也很有必要的。

师：从这篇课文中我们可以看出作者喜欢的色彩不是暖色调，而是冷色调，喜爱的景物是萧索的，环境是清静的，生活是悠闲的，情调是悲凉的。为什么一个作家独独喜欢这些呢？冷色、萧索、清静、悠闲、悲凉，也许是郁达夫遭遇了什么样的人生挫折，我们要做深层次的研究，请看下面的资料。

本文写于1934年8月，这是一个特殊的年份，日本侵略者的铁骑已践踏了我东北三省，又开始觊觎和威胁华北大地，郁达夫在当时就写过这么两句诗来表达他对祖国被侵略的忧愤之情，“烽火满天殍满地，儒生何处可逃秦?”（提醒一下同学们，凡是ppt上面打红色的字大家就记下来。）真实地展示了当时的现实和作者心灵深处的忧患。在金瓯破缺、山河分裂的多事之秋，作为一个正直的知识分子，他又如何不为之担忧和焦虑呢？前面我们通过刘海粟先生的回忆知道郁达夫是一个具有强烈爱国心的作家，他把祖国看得高于一切。这些话语背后实则是一种即将沦为亡国奴的悲哀，一种惨厉的呼号，一种撕心裂肺般的悲怆。当一个人在看到悲剧正向着自己的祖国袭来而又无能为力的时候，他剩下的还有什么呢？还有悲凉，所以索性就把悲凉当作自己欣赏的内容。

从意向选择的角度来讲，这个城市所透露出来的文化意蕴，日常生活中所表现出来的宁静的诗意美无不笼罩在一种萧索凄清的秋意氛围之中。鲁迅曾经说过："华林之内，遍被悲凉之雾，呼吸感知于其间者唯有宝玉一人。"宝玉是《红楼梦》之中的先知先觉者，他能感受到繁华的背后有着巨大的隐忧，奢侈豪华的家族隐藏着巨大的忧患，而这只有先知先觉者才能感受得到，可不可以说在一种文化即将沉沦和没落的前夜还有像郁达夫这样有责任、有良知的文人呼吸之、感知之这"遍被悲凉之雾"?

我们能够感受到在日本帝国主义的铁骑即将踏遍华北大地的前夜，作为一个有极强爱国心的知识分子心中的悲凉吗?

师：北京有那么多可写的东西，像香山的红叶，正是在现在这个时候红叶是非常美的，我们校园里也有一些，可惜的是没有形成大片的风景。还可以写颐和园的秀丽，天坛的雄伟，故宫的宏大，而郁达夫独独写的是故都的悲凉，由此我们可以看出他心中的北平——故都的秋实是染上了他主观色彩的秋，是落寞的秋，是悲凉的秋。

"秋中有情的眷恋，情中有秋的落寞!"同学们把这两句话记下来。

大家还要注意一点，郁达夫在日本生活了八年，他深受日本美学观的影响，日本有一个很经典的美学观叫做"幽玄美"，这种美学观崇尚悲哀的、苦闷的、忧郁的美，"幽玄美"认为悲哀与美是相同的，认为在人的种种感情之中，只有苦闷、忧郁、悲哀，不如意之事才能使人感受最深切。鲁迅先生在日本也有过同样的感受，也受到了"幽玄美"的熏陶，鲁迅先生的文章中也有一种忧郁的特质，他非常欣赏一位叫做厨川白村的作家，曾经还翻译过这一作家的作品《苦闷的象征》。

川端康成在《不灭的美》这篇文章中讲"平安朝的'物哀'成为日本美的源流"，这里"物哀"就是感叹物质的衰败。而郁达夫受这种美学的影响很深，当然这里面还有中国传统文化中对秋天落寞悲凉的欣赏，如前面让大家记的古诗中的“高鸟黄云暮，寒蝉碧树秋”、“天上秋期近，人间月影清”、“秋阴不散霜飞晚，留得枯荷听雨声”、“山色浅深随夕照，江流日夜变秋声”等。

还有杜甫的人生很悲凉，因此他写秋天悲凉的诗句很多。红楼梦里面的那些孩子们的命运是很悲惨的，因此“已觉秋窗秋不尽，那堪风雨助凄凉”这些用秋天来象征人生悲凉的诗句是不少的。

作家郁达夫身后的背景非常复杂，既有传统文化的影响，也有日本文化的影响，还有他个人性格气质的因素，加上时代和家庭环境的因素，这些因素构成了他整体的气质和风格。有一个词叫做“文如其人”，文章背后站着的是一个作家极具个性化的形象，极具时代特征的形象。

下面请同学们将这篇课文再好好地通读一遍，细读一遍。

下课！

整理：文艳艳

追寻意义的灵魂之旅

——作文教学新视野（课堂实录）

授课：文勇

师：写作文是一件令不少同学比较烦心的事，很多同学在杂记本上写出了自己在学习语文，尤其是写作文上的困惑，高考语文改革的趋势也增加作文分数的比重。但是我们要明白，写好作文并没有我们想象的那么困难，我看了同学们的周记，大家都写得很好嘛，很有见解，很深刻，但是为什么一到考试写作文的时候就变得“横眉冷对草稿纸，俯首咬烂铅笔头”了呢？

这是因为同学们在考试的时候没有进入写作状态，写作首先是一种状态，凡心灵照亮的地方才有文章！从心理学上讲，这就是写作的动机问题，怎样从写作动机出发来培养我们的写作状态呢？

师：我们先来了解一下动机，能激励人们实施某种行动的主观原因，使人发动和维持其行动的一种内部动力就是动机，通常以愿望、兴趣、理想等形式表现出来。而写作动机是指直接推动作者进行写作的内部动力，是促使写作者拿起笔付诸写作行动的愿望和心灵力量。

根据动机的性质可分成社会动机和个人动机。个人动机又可根据动机产生的来源分为被动性动机和主动性动机。主动性动机是指作者在接受客观信息刺激时，自动产生的某种写作欲望，是指由主体的兴趣、好奇而产生的动机。被动性动机指的是作者本人没有写作的愿望，但客观形势要求他动笔，不是情动于衷的产物。例如秘书、记者和学生的写作动机，大都是这种被动性动机。

一般而言，写作总是有一定目的，为了完成某项工作或满足某种需要而进行的。而动机是需要的动态体现，所以说任何写作总是带有动机的。正是在某种或几种动机的驱动下，人们才拿起笔，进行写作。

例如鲁迅先生在《为了忘却的记念》中说："我早就觉得有写一点东西的必要……"对牺牲者的深切怀念和对反动当局的痛恨促使作者写了这篇文章。

动机一旦产生，就对人的行为和思想起牵引作用。在写作过程中，动机总是非常顽强地控制着我们按既定目标前进。

师： 天才是一种状态，优秀是一种习惯。我们在写作文的时候要把握主动性，被动性地写作是写不出什么好东西的。郭沫若在海边游玩时诗性喷涌而出，无法抑制，于是他挥动手指把诗句即兴写在沙滩上。小约翰·斯特劳斯在创作举世闻名的曲子《蓝色多瑙河》时也是突然受到灵感的激发，在自己身上衬衣的袖子上写满了五线谱，这就是约翰·斯特劳斯的不朽名作——《蓝色多瑙河》圆舞曲。可见伟大的艺术品都是作家自己主动去把握创作的主动性，而不是被动地进行写作，只有这样他们的作品才会有不朽的艺术生命力。

师： 下面我们就一起来探究一下如何激发我们写作的动机，提高写作的兴趣。

首先，我们要注重生活知识的积累，热心观察生活，积累丰富的写作素材。

"眼处心生自是神，暗中摸索总非真!"写作动机是客观事物、社会生活在作者心理上产生的反应和影响，即作者在客观事物、社会生活的触发和刺激下启动构思，这是启动构思的物质基础和必然性。

下面我们以作家沈从文创作他的代表作《边城》为例，说明生活知识积累对于激发我们的写作动机，进而创作出优秀的作品的重要性。1933 年夏，沈从文偕夫人游崂山，在一条名叫"九水"的溪水边，看到对岸有一个十五六岁的少女，穿一身孝服，先在岸上烧了一堆纸钱，后又从溪里拎起一桶水向来时的方向走去。看着她孤单孱弱的身影，沈从文不禁产生了《边城》的写作冲动，他忽然情不自禁地对妻子说："我准备依照她写一个故事给你看！"沈从文从小生活在湘西，他从这位少女烧纸钱和提水的举动中，一下子想到了家乡的一种风俗：在湘西，家中长辈去世之后，小辈就要到就近的河里或井里取些水来，为死者象征性地抹洗一遍，为死者洗去尘世的污垢，祝愿他干干净净进入西天净土。另外，沈从文想到湘西一些小溪渡口人家常有的家庭格局：祖孙老小二人，凄惨无援。再者，作者从湘西走出，历经艰难奋斗有成，他需要借助一个故事唱一曲真诚善良的颂歌。这一切，最后都融入到小说《边城》当中。

其次，写作上升到一定的境界了，就不仅仅是一种创作行为，而是对于生命意志的追求。李贽说：凡为文者"其胸中有如许无壮可怪之事，其喉间有如许欲吐而不敢吐之物，其口头又时时有许多欲语而莫可所以告语之处，蓄极积久，势不能遏。一旦见景生情，触目兴叹，夺他人之酒杯，浇自己之块垒；诉心中之不平，感数奇于千载"。写作成为对于生命意志的追求，通过写作来实现自己内心的平衡和谐，"抒不平之气"从而维护生命意志的独立性和崇高性。

再次，生活中，我们要注重情感情绪的积累。"人不痴情枉少年，情到深处文自真！"对万物动情，对亲人深情，对他人纯情，对社会真情。淳情智慧心中驻，红花绿叶满乾坤！无情岂能为文章？留得伪善伤真身！

《诗大序》说诗"发乎情，止乎理"。这就是说，当人被外界事物所深深感动，就会产生一种强烈的创作冲动，这时大脑记忆的表象便顿时浮上心头，形成一种极其敏锐、活跃的创作心境，推动着作家进入创作过程，对作品加以构思和布局。在这个过程中，感情的火种使作者张开想象的翅膀，迸发灵感，使创作达到最佳状态。因此，作者的情绪和情感积累是产生写作动机的一个重要的条件。如果一个人对任何事物都没有爱憎、好恶等情感评判，那么外界的刺激就不会在他的内心产生反映，也就不可能有写作欲望的出现。

郭沫若说他在写《凤凰涅槃》这首诗的时候，伏在枕上，全身作冷，连牙关都在打战，就那样把诗写出来了。为什么会有如此横空而来的诗兴呢？这与作者平时的情感积累是有关系的。五四以前，郭沫若由于对国家和民族前途的失望，也由于来自婚姻的困扰，心中有着许多“民族的郁积”和“个人的郁积”。

但是，我们在写作中也要杜绝伪抒情，现实生活中我们随处都可以看到伪抒情的例子，很多官员要伪抒情，不会伪抒情就当不了官；商人在伪抒情，打出侵害消费者权益的广告，危害人民生命健康的商品不胜枚举，什么“花一样钱，补两样”可能么？（全班笑）有一些文艺工作者中也有不少伪抒情的，像有些歌手的歌曲粉饰太平，歌功颂德，视艺术为政治的传声筒。这些行为都是我们应该大力反对的。

关于伪抒情，这里有一个很典型的例子，意大利影星罗西曾在一次宴会上朗诵菜谱而让听不懂意大利语的外宾感动不已。原来，人们听到他悲伤的语调，加上他痛苦的表情和动作，大家以为他正在表演一出悲剧。我们从中可以感受到情感倾注语言的巨大魅力，但同时这也是一种伪抒情，虽然收到很好的艺术效果，但是他所表现的情感是空洞的、不真实的。

我跟我的女儿一起去法国巴黎旅游时走在巴黎的街头，突然发现我女儿不在身边了，找了一会儿才发现她正在津津有味地看巴黎街道上演的街头哑剧，我发现那才是真正的艺术，一种真正地艺术抒情，不仅吸引了我女儿和我，还吸引了街上好多的人。而不像那些明星的演唱会，“朋友们，来点掌声，左边的，来点掌声，右边的，来点掌声”。这完全是一种人云亦云地应喝，跟抒情没有一点关系。

当然在现实生活中抵抗伪抒情是有难度的，我前几年去海南岛旅游时，了解到一种叫做“枯叶蝶”的昆虫，它们栖息在树上，跟枯叶的颜色一样，要不是导游小姐解说，我们同去旅游的人都没有发现它们呢。枯叶蝶的颜色是一种保护色，是它对大自然的一种妥协，也是一种积极的反击。它们伪装得非常好，以至于我们很难发现，我们的生活也是这样的，很多人的伪抒情伪装得很深，没有惊人的眼力是很难发现的。

真情实感是写作的起点，止乎理是写作的终点，即“发乎情，止乎理”，要小聪明的人也许可以赢得一时，却不可能赢得一世，我们要活出真醇，写出真情。

此外，客观事物的触发对于我们写作动机的产生也具有很大的意义，我们要积极寻求客观事物的触发。

“片言可以明百意，坐驰可以设万景！”宇宙之大，小米之微，总会有东西触动我们的心灵，让我们产生情感的共鸣和写作的冲动。

熟视无睹，表达粗糙，此为失误状态。

独具慧眼，意象满纸，此为天才状态。

作者有了生活和情感的积累，只是为动机的生成提供了必要的条件，这些条件只有在某一特定的事物刺激下才会突然找到喷发的突破口。

作家王汶石曾说：作家在生活阅历中，积累了大大小小数也数不清的人和事，经历和积累了各种情感，产生和积累了丰富生活思想……它们像石油贮存在仓库里一样保存在作家的记忆里和感情里，直到某一天，往往由于某一个偶然的机遇，忽然得到启发，它就像一支擦亮了的火柴投到石油库里，一切需要的生活记忆都燃烧起来，一切细节都照亮，忽然发亮，互不相关的事物，在一条红线上联系了起来，分散在各处的生活细节，向一个焦点上凝结，在联系和凝聚过程中，有的上前来，有的退后去，有的又消失，有的又出现，而且互相调换位置，有的从开头跑到末尾，有的从末尾跑到中间……一篇文学作品就这样形成了。

它唤醒了作者头脑中某一方面的情感思想材料，使它们在某一瞬间，围绕某一点，全都活过来——这时，作者笼统的想写的欲望，终于找到着力点，写作冲动也自然形成了。客观外物之所以能够成为启动构思的契机，就在于它们与主体内在世界的呼应，看似偶然的触发，在创造主体心灵中却有着积蓄已久、不得不发的必然性。

师：学习了上面的内容之后，我们知道寻求客观事物的触发点是我们写作的催化剂，现在我们一起欣赏一篇优秀的习作加深对于这一点的理解，这是刘亮程的一篇《对一朵花微笑》。吕紫萱你来为大家朗诵一下。

生（吕紫萱）：

对一朵花微笑

刘亮程

我一回头，身后的草全开花了。一大片。好像谁说了一个笑话，把一滩草惹笑了。

我正躺在山坡上想事情。是否我想的事情——一个人脑中的奇怪想法让草觉得好笑，在微风中笑得前仰后合。有的哈哈大笑，有的半掩芳唇，忍俊不禁。靠近我身边的两朵，一朵面朝我，张开薄薄的粉红花瓣，似有吟吟笑声入耳；另一朵则扭头掩面，仍不能遮住笑颜。我禁不住也笑了起来。先是微笑，继而哈哈大笑。

这是我第一次在荒野中，一个人笑出声来。

还有一次，我在麦地南边的一片绿草中睡了一觉。我太喜欢这片绿草了，墨绿墨绿，和周围的枯黄野地形成鲜明对比。

我想大概是一个月前，浇灌麦地的人没看好水，或许他把水放进麦田后睡觉去了。水漫过田埂，顺这条干沟漫漶而下。枯萎多年的荒草终于等来一次生机。那种绿，是积攒了多少年的，一如我目光中的饥渴。我虽不能像一头牛一样扑过去，猛吃一顿，但我可以在绿草中睡一觉。和我喜爱的东西一起睡，做一个梦，也是满足。

一个在枯黄田野上劳忙半世的人，终于等来草木青青的一年。一小片草木会不会等到我出人头地的一天？

这些简单地长几片叶、伸几条枝、开几瓣小花的草木，从没长高长大、没有茂盛过的草木，每年每年，从我少有笑容的脸和无精打采的行走中，看到的是否全是不景气？

我活得太严肃，呆板的脸似乎对生存已经麻木，忘了对一朵花微笑，为一片新叶欢欣和激动。这不容易开一次的花朵，难得长出的一片叶子，在荒野中，我的微笑可能是对一个卑小生命的欢迎和鼓励。就像青青芳草让我看到一生中那些还未到来的美好前景。

以后我觉得，我成了荒野中的一个。真正进入一片荒野其实不容易，荒野旷敞着，这个巨大的门让你努力进入时不经意已经走出来，成为外面人。它的细部永远对你紧闭着。

走进一株草、一滴水、一粒小虫的路可能更远。弄懂一棵草，并不仅限于把草喂到嘴里嚼嚼，尝尝味道。挖一个坑，把自己栽进去，浇点水，直愣愣站上半天，感觉到可能只是腿酸脚麻和腰疼，并不能断定草木长在土里也是这般情景。人没有草木那样深的根，无法知道土深处的事情。人埋在自己的事情里，埋得暗无天日。人把一件件事情干完，干好，人就渐渐出来了。

我从草木身上得到的只是一些人的道理，并不是草木的道理。我自以为弄懂了它们，其实我弄懂了自己。我不懂它们。

师：好，请坐！同学们有没有过对一朵花微笑的经历呢？

生（侯玉林）：我没有对一朵花微笑的经历，但是我每次走在校园的小路上看见道路两旁的树在轻风的吹拂下摇动叶子，我就感觉好像它们在向我打招呼，在欢迎我。

师：我们要观察生活中的细节。同学们有没有发现我们每天做广播体操的地方新栽了几棵树？这是几棵什么树呢？

（生讨论）

师：那是四棵新栽银杏树，罗丹说："生活中不是缺少美，而是缺少发现美的眼睛。"同学们一定要注意观察生活中的细节，打开你们发现美的眼睛，真正地去感受生活。

师：除了上面我们讲的四点内容外，还有一个激发写作动机的重要方式就是要有优雅虔诚的阅读状态。

山川佳色澄悬镜，松桂清荫静读书。

读书身健即是福，种树花开亦是缘。

下面再请一位同学为我们朗诵一篇优秀的文章，也许大家会有所启发。胡艺娜读一下吧。

生（胡艺娜）：

读书是一种德性

丁国强

生活条件好了，读书的心思却越来越淡了。书房很宽敞，书橱很漂亮，而在翻开书页的同时也就走了神。记得10多年前上大学的时候，宿舍熄灯之后，读书的心火依然旺盛，便跑到了洗刷间里接着那昏黄的灯，一直读到天亮，不觉得困，也不觉得累。读书是一种发自内心的选择。当一个人强迫着自己做出某种读书姿态的时候，他其实是在折磨自己。读书是一种心灵义务。一个人，如果没有把将一段青春时光托付给高贵的思想和真诚的文字，那么，他就是自己的敌人，因为他放弃了对自我心灵的塑造错过了在读书时光中体会"物我两忘"的机缘。这一机缘，错过了，就永远也无法弥补。当你回过头来，重新拾起书本的时候，你会发展自己是何等陌生。古人三日不读书，便觉得面目可憎，更何况是错过了一段读书的岁月呢？

大学毕业后，我的读书"蜜月"也宣告结束了，迎接我的是没完没了的文牍公务，混到小科长的时候，又是烦人的大会小会、接待应酬，读书成了一件稀罕事。坐下来，读一本让自己感动得热泪盈眶的书，想来是多么奢侈！原来，读书作为一种生活习惯，绝不是随便什么人都可以享有的。在网络、电视、花花绿绿的晚报、都市报的包围下，捧读的可能性被降低到最低限度。尽管我们知道那是一种久违了的幸福，一种用灯红酒绿无法替代的享受，但是，人们还是很难下决心精心投入到读书天地中。好在有许多借口在安慰着自己，毕竟世界太吵、热闹事太多、诱惑性强烈，而读书则是一种隔绝，一种拒斥。唯有读书才能超脱于这个庸俗的生活世界，才能拥有自己的生活方式和话语习惯，不必人云亦云，不必附炎趋势。所以，读书是无条件的，完全是自我选择的结果。既然这样，又何必去寻找那些无聊的借口呢？曾国藩有言："苟能发愤读书，则家塾可读书，即旷野之地、热闹之场亦可读书；负薪牧豕，均无不可读书。苟不能发愤自立，则家塾亦不能读书，即清静之乡、神仙之境皆不能读书。何必择地？何必择时？"这段话可以从更广阔的意义上去理解，说白了，之所以不读书，首先是因为你不想读书，而非客观条件不具备。

我思故我在，未经省察的人生是无意义的。而读书则是为"思"提供了载体，也可以说，我读故我思。一本书可以造就一个沉思的人，从表面上看来，思想者与无知者的差别或许就在一本书。一本书所产生的精神距离是无法测量的。思想者的沉默本身就昭示着一种精神力量，而无知者越是喋喋不休，越发暴露出其内心的苍白。但是读书并不意味着手不离卷，阅读是一种内在的精神仪式，它的存在不依赖于外在的表演。一个曾经有过一段疯狂的阅读史的人，一个对过去的读书生活心怀依恋的人，即使不能拥有一个书房，一面书橱，一盏书灯，一个畅游书海的安静夜晚，我们依然相信他那份纯洁的读书情感。

读书是一种德性。在理性的引导下，读书人在灿烂的星空与神圣道德律之间，获得了灵性和自由，以及诗意的生存。

师：写作是生活中不可少的一部分，我们必须像对待生活一样真诚地对待写作。将写作看成一种切己的需要，把这种切己的需要变成写作的动机。作文是生活，而不是生活的点缀。只要在实际生活中深深感到有话要说，以至如骨鲠喉不吐不快，才会产生写作的强烈欲望。

真正意义上的写作动机，是产生于主体的材料积累、情感积累、生活积累的基础上的，是植根于主体的内在愿望和要求的，是一种情感性的推动力。很显然，作者仅仅是为了完成某种任务，文章是很难写好的。但是被动性动机可以转化为主动性动机。充分认识外部指令的严肃性、重要性，激发自己的责任感和事业心；尽量激发自己对写作内容的兴趣；将客观要求与主观愿望很好地统一起来。只有转化为主动性动机，才能引导作者真正进入写作。

人是教育的成果

——《劝学》课堂实录

授课：文勇

（教师泛读《劝学》，同学们放声朗诵全文。）

师：“人是教育的成果”，这是荀子伟大的教育思想。而这一思想后来被德国人实践得最好，我们今天反而从德国去借鉴教育思想，殊不知我们中国古代的教育家荀子早就讲过。我们知道德国的教育在西方教育界处于领先地位，它的核心教育理念就是：人是教育的成果。其实荀子还有一个伟大且重要的观点就是：国家是理智的成果。

是荀子首先看到人的可教育性以及教育在整个国家建设中的重要地位，从这一角度来讲，我觉得荀子是中国古代最伟大的思想家之一，只是我们后人没有予以足够的重视。

师：下面我们首先来疏通一下文字，课下注释已经讲得很详细，但有少数地方我还是要强调一下。第一句“学不可以已”中的“已”是停止的意思，学习这件事情是从来都不应该停止的，活到老，学到老。至于“君子”，是指儒家推崇的，有道德有学问的人，是中国古代人格当中的典范，所谓君子人格，与小人相对。荀子认为人要通过读书而成为君子，当全社会都是君子而没有小人，这就是一个完美的社会，他还认为要靠理智去推动全民的人格教育，使人们都成为君子。相反，如果一个国家里全是小人，事情就麻烦得多了。我们周围有很多人是小人，但是我们不能说。

"青，取之于蓝而青于蓝"，这里面有两个"于"字，请一位同学把它们翻译出来。

生（郑一鸣）：第一个"于"是从的意思，第二个"于"是比的意思。

师：好！非常准确！

往下看，"冰，水为之而寒于水"中的"为"这里翻译为凝结的，变成的。冰是水凝结而成的，或者说是变成的，但是它却比水更加寒冷。"木直中绳"是说木头直得合乎绳墨的标准，这里的"中"字是"合乎……的标准"的意思。"輮以为轮"，但是如果你用火加工使它变弯曲的话，"其曲中规"，它弯曲的程度又合乎圆规画出的圆的标准，非常的圆。"虽有槁暴"，这里"有"通"又"，是说然后再把它拿到太阳下拼命地晒，直到晒干，渴望它重新变直，有一种解释是说即使这木头又被风吹日晒而干枯了，它也不会挺直了。即言经过很长时间，直到木头干枯腐朽也永远不会变成原来的样子了。荀子说它已经变不直了，为什么呢？"輮使之然也。"是"輮"这种用火烤的方法改变了它的本性，使它再也挺不直了。一个人受了良好的教育之后，他再也不会耍流氓手段了，而一个没有受过教育的人，他就跟一根直的木头是一样的，这里的比喻是非常妙的，等一会我们再来看，这个比喻的深意究竟是什么？

"故木受绳则直，金就砺则利"，木头受到绳墨的裁量、修整就会变得很直，刀剑在磨刀石上磨砺之后就会变得很锋利，"君子博学而日参省乎己"，这里的"日"是一个副词，君子经过广博的学习，每天都对自己的行为进行认真的检查反省，今天"我"做了什么？"我"做得对吗？今天"我"写作文了吗？今天"我"思考哲学了吗？

"则知明而行无过矣。""知明"就是智慧明达，对很多事情看得很清楚，认识得很深刻。"行"是行为，"无过"就是没有过错了。儒家就特别强调个人的修养，也就是我们讲的修身养性，儒家思想认为一个人要想在天下干大事，首先就应该从修身做起，修身是起点，所谓修身，齐家，治国，平天下。这里面是有一套逻辑系统的。一个人如果没有在学习上下功夫，没有自我修养，是干不成大事的，这个观点放在现在仍然是对的。

下面有一段话，我们的课本把它省略了，但是不应该省掉，请同学们把它补充在第一段的后面，“故不登高山，不知天之高也；不临深溪，不知地之厚也；不闻先王之遗言，不知学问之大也”。这一段不难理解，不需要我多解释，今天我们说有些人不知道天高地厚，这“天高地厚”最早就是荀子讲的。荀子的本意是说一个人不读书的话，他就不知道天高地厚。千万不要做一个不知天高地厚的人，这样的人是非常可悲的。荀子这段话的落脚点在哪儿呢？“不闻先王之遗言”，今天我们要把这里的“先王之遗言”拓宽来理解，除了“先王之遗言”，世界上所有的有价值的文明成果我们都要吸收，所以不读书不做学问的人就不知道学问之大。

“吾尝终日而思矣”，“我”曾经整天地思考问题，请注意这里的“而”是表修饰，形容“思”的状态，整天苦思冥想的样子。但是即使是这样还不如“我”短时间内增加学习内容收获大。“吾尝跂而望矣，不如登高之博见也”，踮着脚后跟叫做“跂”，“之”是句中助词，可以不翻译。“登高而招，臂非加长也，而见者远；顺风而呼，声非加疾也，而闻者彰。”这里的“疾”是形容声音的强大，不能翻译成快。“而闻者彰”听者听得更清楚，“彰”就是明显、清楚。“假舆马者，非利足也，而致千里”，注意这里的“假”是借助、利用的意思，假者，借也，在文言文里面“假”和“借”是互相解释的。善于驾马车的人，不是他的脚步走得很快，却能够到达千里之远的地方。“假舟楫者，非能水也，而绝江河。”这里“水”是指游泳，特别注意这里“绝”是横渡的意思。“君子生非异也，善假于物也。”君子与其他人的本性没有什么差别，只不过他们善于利用客观外物罢了。

“积土成山，风雨兴焉”，这里的“焉”是于之，在那里的意思，有人把它翻译成代词那里也是可以的，风雨就在那里兴起。“积水成渊，蛟龙生焉”，蛟龙就会在那里生长。“积善成德，而神明自得，圣心备焉”，这里的“善”是指善良的行为，“德”是一种德行，当达到一种很高的境界之后，那么通明的思想也就具备了，这里的“圣心”是指很伟大的思想。“故不积跬步，无以至千里”，我们走路时一只脚往前迈一次叫做“跬步”，两只脚各迈一次叫做一步，“跬步”也就是半步，极言从基础细小的地方做起。所以不积累细小的步子，就无法到达千里之远的地方，“无以”即“没有……的办法”。“不积小流，无以成江海”，不积聚细小的河流，就没有办法汇集成浩瀚的江河湖海。“骐骥一跃，不能十步；驽马十驾，功在不舍。”这里的“骐骥”是指非常优良健壮的马，这样的马奋力一跳，最多只能跳十步之远，而“驽马”，即那种老弱病残的马，拉车走十天，“十驾”就是十天，马拉车走一天的路程是一驾，这样的劣马只要不间断一直走，仍然可以到达很远的地方，功劳就在于不间断，不放弃。“舍”就是放弃的意思。“锲而舍之，朽木不折；锲而不舍，金石可镂。”雕刻一件东西，如果刻一下就把它放在一边，那就是腐烂的木头也不能刻断，“镂”就是雕刻镂空，如果从不放弃，即使是金石也可以镂空，只要时间磨得长，功夫下得深，没有做不成的事情。

我们知道荀子特别欣赏蚯蚓，“蚓无爪牙之利，筋骨之强”，这里的“之”是宾语前置的标志，本是利之爪牙，强之筋骨。“上食埃土，下饮黄泉”，有人把这一句话翻译成：（蚯蚓）在上面吃埃土，在下面喝黄泉。这样的翻译不对，应该是它既能吃埃土，又能饮黄泉，“上……下……”翻译成“既……又……”。原因是什么呢？“用心一也”，它用心专一呀！蚯蚓是用心专一的典范，而螃蟹则是不专一的代表。“蟹六跪而二螯”，即螃蟹有六条腿两个前夹。荀子观察不够仔细，其实螃蟹有八条腿，他看到的螃蟹少了两条腿，估计是一只伤残的螃蟹。“非蛇鳝之穴无可寄托者”，然而它“非蛇鳝之穴”连藏身的地方都没有，为什么呢？“寄托”就是托身，住宿的地方。“用心躁也”，用心太不专一，连自己的藏身之地都没有。

师：我们看到下面一句话，这也是课文中省略的部分，“是故无冥冥之志者，无昭昭之明；无惛惛之事者，无赫赫之功”。荀子的经典名言怎么能忘记呢？大家把这句话抄在课本上。“冥冥”是深沉努力的意思，就是潜下心好好努力，坐得住冷板凳，“混混”也是这个意思，而“凿凿”是明白的意思，“赫赫”是显赫的意思。如果一个人不沉下心来潜心研究，付出比别人更多的努力，怎么可能会有显赫的功劳呢？这既是教育的学问，又是人生的哲理。文老师经常也给你们讲一句古话——沉潜故能飞动，懂得这个道理了吧？

师：现在把课文齐读一遍，我要看看你们对课文的熟悉程度。“君子曰”一起读！

生：（齐读全文）

师：刚才我们疏通了一下课文，字面上的意思很简单，荀子的文章有些篇目是很深奥的，但是《劝学》写得很浅显易懂。我们来找出荀子这篇文章的核心观点，这一观点与文老师这堂课的题目有关。

生：学不可以已！

师：对，是“学不可以已”，学习是不可以停止的事情。那么荀子认为人应该怎么做呢？终身都应该把学习当作一件大事，也就是说，他认为作为一个君子，学习是君子的一个组成部分，是一种必需的行为模式。我们似乎可以用这样的语言来概括荀子的观点：学习是人的另一个本质。还可以换一种说法就是：一个不学习的人，他就不是人，一个不善于学习的人，他也不是人。这就是我要讲的荀子的核心观点，人是教育的成果，人一定要靠学习来改变自己。台湾著名学者方东美先生在《生生之美》中这样概括荀子的教育思想：“在荀子看来，人之所以伟大，完全是由于后天的努力与教化的结果！”哲学家笛卡儿讲：“我思故我在。”一个人不思考，他就不存在。这讲的是什么意思呢？思考是人的另外一个本质。没有思考能力的人就不是人。美国教育家杜威讲："教育不但能发展儿童与青年，而且能发展将来的社会！"只有教育发达了，社会发展才有希望！中国农村有一句话讲得很好，叫做：养儿不读书，只当喂条猪。现在你们看看，大街上到处走的都是猪，满街都是猪，有几个人天天读书了？中华民族的读书量越来越少，质量越来越差，即使读了也是读的"垃圾"，而不是经典。怎么成为优秀的民族？

荀子是怎样阐述人是教育的成果这一观点的呢？他不是直接讲出来，而是循循善诱，逐渐启发人们去理解的。他先从什么地方讲起呢？从以客观事物做比喻讲起，"青，取之于蓝而青于蓝；冰，水为之而寒于水"。我们常说的"青出于蓝而胜于蓝"，就是从这里而来的，我们现在用这一成语来比喻什么呢？

生（李彬）： 现在比喻学生学得很好的话，有可能会超过老师。

师： 很好！荀子一开始就讲这句话，是为了讲什么道理的呢？

生： 学习。

师： 对，是讲学习的重要性。

再往下看，冰是水凝结而成的，却比水更寒冷，这里有一个凝结的过程，荀子是说这个凝结的过程就好比学习的过程，人通过学习就会改变自己原有的特点和本性。我们看荀子究竟讲了什么道理啊，下面他用了一个更加清楚易懂的比喻，"木直中绳，𫐓以为轮，其曲中规；虽有槁暴，不复挺者，𫐓使之然也"。大家可能没有看过木匠师傅做车轮或椅子，他们先把湿的树条砍来，但是一定不能晒干，因为晒干了再把树条弯成圆形就弯不成了，它的弯曲程度可以合乎圆规的标准，再把它拿到太阳下去暴晒，它就永远变成这个弯曲的形状，永远不会直了。那么荀子用木头的这个特性来讲什么道理呢？客观的外物通过人的加工是可以改变物体原来的特点或性质的，而且这种改变是永久性的。讲物不是目的，讲人才是目的，这里的落脚点在什么地方？

生（王立晨）：人通过不断的学习，就会变成一个君子。

师：很好！人通过不断的学习，他的德性和行为就会怎样？用荀子的一句话来回答就是“知明而行无过矣”。就会变成一个君子，这就是荀子的观点，荀子告诉我们：人是通过学习来改变我们固有的本性的。把这个结论记下来。

荀子的这个观点在现代社会受到更高的重视，现代学习观认为学习能力是一种核心竞争力，贯穿着一个人的终生。它是支撑一个人现在与未来的竞争优势，也是使一个人长期在竞争环境中取得主动权的核心能力。

《学习的革命》这本书上说：“比你的竞争者学得快的能力，也许就是你唯一能够保持的竞争优势”。当今社会，互联网浪潮滔滔，知识核裂变式的增加，不断冲击着各行各业，也不断淹没着那些不会学习或学习太慢的人。以此看来，学习能力的培养就是个体核心竞争力的培养。

大家知道荀子是主张性善还是性恶呀？

生：性恶。

师：对！他认为人一生下来本性就是恶的，只有通过学习才能使自己变成一个善良的人。这是荀子深刻的地方，我认为荀子的性恶论是正确的，虽然人性中也有善良的部分，但是邪恶的部分却非常容易被诱发，所以人不学习，那么他恶的本性就会暴露无遗，而善的本性就会丢掉，所以荀子特别强调通过学习来改造人性，这一观点的意义是非凡的。荀子著名的观点是“涂之人可以为禹！”欧阳修曾发挥荀子的观点进一步阐明：“教学之法，本于人性，磨揉迁革，使趋于善”。不过中国古人讲道理常常用的是比喻，严格地讲荀子讲的道理在后世教育学理论中没有得到良好的宣传和认真地执行。“故木受绳则直，金就砺则利，君子博学而日参省乎己，则知明而行无过矣。”这句话是经典的结论，荀子三句两言就讲出了一个著名的教育理论，讲了一个救国救民的策略和方针，真是伟大啊！

第二课时

师：我经常给大家讲，中华民族缺乏三大智慧，其中有一个就是教育智慧。一个民族的水平取决于她的教育水平。当然中华民族所缺乏的还有道德智慧，我们长期在道德建设的问题上，连起点都没有找准。第三就是政治智慧，政治社会学这些理论我们研究得太少，最近我在网上看到哈佛大学的一个教授讲的公开课，有一千多学生听讲，教室好像剧场，那位著名的教授叫 Michael Sandel，他讲什么是社会公正，一共有五堂课，你们可以到网上看一下，非常经典！文老师还做了很详细的笔记，我坐了一晚上也就只看了一堂课的视频，要反复地看！

别人研究社会公正问题，那么什么是社会公正？什么是道德？个体和集体之间关系是怎样的？我们长期没有这种学问，我们的教育就是考试，这样的教育还指望着民族和谐进步，那是不可能的，我们根本不懂得社会建设、民族进步是需要靠智慧的。我给荆州的老师作报告时讲过：假如我们的课堂还长期弥漫着市侩气息，那么我们民族的灾难怎么可能结束呢？你们把文老师这句话记住。今天我们的新闻媒体狂轰乱炸那些市侩、功利的东西，恬不知耻的东西，像李某这样的人竟然到大学里面去讲一些低级趣味的东西，叫嚣什么大学女生不失身大学就白读了！这是一个时代堕落的标志，这些人怎么能走进大学讲堂呢？这不是大学的讲堂的堕落吗？

接下来，“故不登高山，不知天之高也；不临深溪，不知地之厚也”，这里的“天高地厚”指的是什么呢？指的是人学习的重要性，学习内容的重要性。“不闻先王之遗言，不知学问之大也。”人生是由什么来成就的呢？美好的人生是由学问成就的，这是荀子另外一个分论点。美好的人生是由高深的学问来成就的，这是荀子隐含的另外一个观点。荀子还要从这一点延伸开去，讲一个国家重视教育的重要意义，他在《荀子·大略》中讲：“国将兴，必贵师而重傅，贵师而重傅，则法度存。国将衰，必贱师而轻傅，贱师而轻傅，则人有快，人有快，则法度坏。”

我们的佛教禅宗主张“不立文字”，孔子这个伟大的教育家也有一个原则——“述而不做”，他给学生讲学问，却不写著作，所以中国文化有一个特点，即要求后人去悟，去顿悟。可惜我们的后人太愚笨了，荀子这个伟大的观点，很多人都悟不出来，文老师今天就把它悟出来了，宣传给你们。

“先王之遗言”有这么重要吗？是的！请大家注意荀子这里讲的“先王之遗言”，这是时代智慧的象征，我们不仅仅要“闻先王之遗言”了，还要“闻”什么呢？先德以及古今中外的都要拿来，一切文明成果都要好好学习，这才能成就你辉煌的人生。

荀子所讲教育对人的重要意义，实在是非常伟大的一件事情，我越研究越学习，就越觉得荀子了不起，荀子还讲了很多关于教师，国家，教育的重要意义，文老师的书上的笔记记得满满的。荀子讲：“国将兴，必贵师而重傅。”国家将要兴旺，就要以老师为贵，以师傅为重，那么“国将衰”呢？“国将衰，必贱师而轻傅。”这个观点多伟大呀！一个国家要兴旺，就要尊重老师，尊重师傅；一个国家要衰亡，便贱视老师，轻视师傅。

刚才我给大家讲了荀子的另外一个伟大观念：理智是国家的成果。他把教育上升到整个国家基础这个地位来认识。从世界范围来看，这已经成为不争的事实，美国强大，但背后是美国人的教育态度！杜威说：“教师总是真正上帝的代言者，真正天国的引路人。”看看把教师提高到什么地位来认识？

教育是立国之本，这是荀子早就提出的观点。“礼者，所以正身也；师者，所以正礼也。无礼，何以正身？无师，吾安知礼之为是也？”“礼”是一个人站起来的根本，孔子讲“三十而立”，这句话很多人没有读懂，“而立”之年“立”什么？不是说找个老婆结婚，买个车子，分个房子就叫“立”，孔子的原意是“立人生之基本原则，立精神之本”，即做事之根本，做人的原则。爱因斯坦借一个中学生的话讲什么是教育？中学生说：“你把在学校所学的东西全都忘掉，剩下来的就是教育！”我开始以为这是讽刺学校教的东西无用的，后来我才悟出来，还剩下来什么呢？应该是还剩下人格精神、做人的原则、底线等这些东西！多深刻！

孔子很少讲物质层面的东西，更多的是讲精神层面的东西，而我们今天把它做世俗化的理解，严重歪曲了圣者的思想。

“师者，所以正礼也。”老师是干什么的啊？老师是端正礼制的。用我们现在的教育理念来讲，礼制的内涵就是什么啊？就是文老师强调的价值引导。教师是引导方向的，是整个人类社会的方向盘。学生在学习过程中，当他学的内容歪了，或是方法歪了，这时候老师的价值和意义就出现了，要出来引导学生，把学生引到学习真本事上来。有的学生分数上去了，精神却崩溃了，这个时候也需要老师出来进行心理上的疏导。

而反观我们当下的教育状况，真是让人痛心疾首呀！我们汉口某些学校为了争夺生源，学校本身已经疯了，华师一附中网站在自主招生这三天突然被黑掉了，我们报了案，可是公安局来也没有查出来。我们猜测就是叫喊要超过我们的“某某中学”干的，公安局相关人员说：不需要我们来侦察，谁是你们最大的对手，这一定是他们干的。为了阻扰华师一附中把优秀的学生招进来，竟做出如此令人作呕的事情。你看看学校本身已经不是一个端正引导价值的地方了。所以有的学生把某些学校形容为“魔鬼集中营”，我看是有道理的。用这种拙劣的手段来搞竞争，这样的学校本身还具备教育学生的资格吗？可怜！可悲！教育的“竞争”不再是教育质量的竞争，不是在课堂内容上深刻的竞争，而是用邪恶、流氓手段去竞争。学校的网站被黑了，这样家长就不能上网查看这方面的通知，直接导致百分之三十的学生不能来考试，这是相当糟糕的，对华师一附中的影响是很大的。

荀子还有一句名言：“言不称师，谓之畔（叛）。”一个人的言论不符合老师的标准，这叫“叛”，记下来！“教而不称师，谓之倍（背）。”一个老师不像个老师，就叫做“背”。而我们现在的学生不像学生，老师不像老师，不过我们在座的绝大部分同学都还是好学生。“倍畔之人，明君不内纳，朝士大夫遇诸涂不与言。”这样的人，明君是不会接纳的，士大夫在路途中遇到他甚至都不会跟他讲话。

荀子这几句话讲了什么道理？讲学生要把老师讲的道理悟透，一个老师做成一个真正老师，人生的导师，就要真正为学生指方向。

荀子特别特别强调四个字“隆师亲友”，这四个字非常经典，请大家记住，意思是尊重老师，重视自己的朋友。朋友是指对你有影响力，能帮助你，对你的人生有建设性的，积极意义的朋友。有很多同学也很重视交朋友，但是交的都是一些夜晚偷偷去上网的那种朋友，跟这样的朋友在一起，好的经典的东西吸收不了，流氓习气却一拍即合，“今天我们又去玩一个魔兽世界行不行？”“我们又去搞两包烟来抽抽好不好？”那就糟糕透了。有一个调查显示，幼儿园的小孩子，母亲父亲对他们的影响力占绝大部分，而老师、小朋友们的影响力很小，到了初中，父母的影响力逐渐削弱，朋友的影响力逐渐加大，等到了高中，同学之间的影响力甚至超过了老师和家长。这就是你们的家长经常跑到文老师这来讲：“我的小孩子，我讲的都不听，我现在没有办法，很无奈呀，帮我教育教育吧。”这符合人的认知规律，所以年轻时候交什么样的朋友，有时候是起决定性意义的，它甚至可以决定你的未来，不可以不慎啊。孔子也讲过有三种朋友不能交往，“损者三友”呀！

师：我们接着往下看，“吾尝终日而思矣”这一段，荀子讲了什么内容？

生（侯玉玲）：讲了人要善于借助周围的事物。

师：借助客观外物来发挥所长，那么这与学习有什么关系呢？善于驾马车的人不是脚走得快，善于驾船的人不是游泳游得特别好，“君子生非异也，善假于物也”。这里又说到了君子，君子应该干什么呢？善于利用外物。那么利用客观外物与学习是不是两个观点呢？利用客观外物与“学不可以已”的联系在哪里呢？

生（于洋）： 君子善于利用客观外物、外部条件，它的深层含义就是要通过学习使自己不断得到提高，两者是紧密相连的。

师： 对！也就是利用客观外物来弥补自身的不足。荀子另外一个关于学习的观点是：人要善于在学习过程中，利用客观外物来弥补自身的严重不足，这样就会使自己变得强大。

前面讲过，美好的人生是由学问来成就的，那么下面这句话就是，强大的自我是在学习过程中形成的。一个强大的个体，强大的自我是在学习的过程中铸就的，同学们，学习才能使自己变得强大起来，这个道理是很伟大的。有些人不善于学习，实际上就是在削弱自己，一个人仅凭武力能有多大的力气？一种物质上的东西能有多大的价值？帕斯卡尔讲：人是一根会思想的苇草！人是强大的，是因为人有思想，没有思想，就是一根柔弱的苇草。思想从哪里来呀？从学习当中来。人的个体的强大一定要靠学习，学习当中掌握了技能，利用客观外物，你就会有无穷的威力。

荀子还讲了教育环境理论，也是非常伟大的。“蓬生麻中，不扶而直；白沙在涅，与之俱黑。”这是说人还是环境教育的产物。所以说人一定要选择非常优秀的环境。

师： 最后一段：“积土成山，风雨兴焉；积水成渊，蛟龙生焉；积善成德，而神明自得，圣心备焉。故不积跬步，无以至千里；不积小流，无以成江海。骐骥一跃，不能十步；驽马十驾，功在不舍。锲而舍之，朽木不折；锲而不舍，金石可镂。蚓无爪牙之利，筋骨之强，上食埃土，下饮黄泉，用心一也。蟹六跪而二螯，非蛇鳝之穴无可寄托者，用心躁也。”

这里讲的内容和学习有什么关系呢？这似乎和我们现在有些中学老师强调的一些学习原则有关系。是些什么原则呢？你从中悟出了一些什么原则？

生（李彬）： 要坚持，要不停地努力。

师：学习首先要靠什么？这一段讲的第一个道理是什么？

生（李彬）：积累。

师：很好！第一个就是积累的重要性，积累可以使量变到质变。“积土成山，风雨兴焉”，风雨原来是没有的，成了山以后才会有风有雨。“积水成渊，蛟龙生焉”，蛟龙以前是没有的，成了深渊就会有蛟龙。用这些来比喻什么呢？知识积累到一定量的时候会发生质的变化，“风雨”“蛟龙”象征意外的更高层次的收获！这是一个伟大的道理，也是学习带给我们的最重要的启示，第一个原则！那第二个原则是什么呢？

生（李彬）：第二个原则是学习要尽心尽力，要专心。

师：对！学习要专心致志。积累、专心，中间还有一个原则是什么？

生（李彬）：坚持。

师：贵在坚持，回答得非常好！荀子阐述了三个学习原则：第一靠积累，第二要持之以恒，第三用心专一。文老师给大家反复强调过韩非子的一句话：“深智一物，众隐皆变。”深入的去研究一个事物，等研究透了，你就发现很多其他的事物都在你的眼里变了面貌。所以学习的内在规律是要积累，要坚持，要专一，凡是用心浮躁的，三天打鱼两天晒网的，不重视积累和背诵的人，都是学不好的。这个道理两千多年前就已经在那里了。

后面这句话总结得多好！“是故无冥冥之志者，无昭昭之明；无惛惛之事者，无赫赫之功。”我们今天有很多学生欣赏别人在台上的鲜花掌声，可有谁知道别人在背后付出了多少辛劳呢？有谁在欣赏背后艰苦的训练呢？体育运动员，登山名将登台领奖的一刹那是多么的激动，多么荣耀啊！但是那是多少牺牲付出换来的呀！我们要看的不应该是他手持鲜花的一刹那，更应该看的是他平时训练的汗水和泪水。这就是讲：“无惛惛之事者，无赫赫之功。”学习是件非常艰苦的事情，有很多同学控制不住自己的情绪，非常懒惰，看到别人一个个都收到名牌大学的通知书了，而你却在准备重读，那就糟糕了。有很多事情是藏在骨子里的，很多人的努力是表面上看不见的。所以一个聪明人应该学会调整自己，把握自己，应该认识到学习的意义，学习对个体强大的意义。我觉得荀子的智慧就在这个地方。

师： 荀子还有一个伟大的观点："凡人之患，蔽于一曲而暗于大理。"这个观点，我要给大家讲一下，荀子有一篇非常伟大的文章叫做《解蔽》，讲有些读书人被一个小小的道理遮蔽了，不明白人生的大道理，我们今天绝大部分老师就是这样。他只能教学生 ABCD，选择填空，而不能教学生大道理，"我们为什么要学习？""为什么要活着？"不去追问这些根本问题。"蔽于一曲而暗于大理。"韩愈也讲过类似的话，"小学而大遗，吾未见其明也。"一个老师教会学生标点符号，学生即使学得头头是道，也算不上真正地学到学问，鲁迅先生就搞不了标点符号，但这不妨碍他成为伟大作家，但是让这样的老师教学生一个伟大的道理，他却傻眼了，这样的老师大有人在。

荀子渴望通过教育使天下成为一个四海和平的天下，所以他说："君子以修百姓宁，国家既治四海平。"荀子渴望通过教育不仅改变个体，更重要是改变国家的面貌，这就是荀子伟大的地方。"君子以修百姓宁"，大家都修成了君子人格，都去学习，那么百姓才会安宁，这是真正的社会和谐的根基。有良好的教育水平，国家太平无事，才会真正的四海平安。我们看看没有良好教育的国民，素质差到什么程度！如果你现在到欧洲去，所有见到中文的地方都是提醒中国人的地方，一些高档场所，高档商品，旁边用中文写着"请勿大声喧哗！""请勿触摸！"中国人的素质差到如此程度，简直令外国人惊讶。在公共场合，我们中国人喜欢大声的、毫无顾忌的宣泄自己的情绪。有一天我在杭州机场等飞机，一群我们湖北仙桃人在机场里面打牌赌博，叫做"斗地主"，其间，一个年轻妇女好像赢了一盘，顿时哈哈大笑，声音之大快把机场的大楼给震垮了，我在旁边吓得快从椅子上掉下来。在她旁边还坐着很多外国人，听到她的笑声个个目瞪口呆。那一群人大约有二十多个，他们一阵喧哗，一阵狂笑。我在旁边看到，真是感到羞耻，这就是中国人的素质。同学们，一个国家要能达到长治久安，增进文明水平，文明来自哪里呢？美国的教育家杜威教授讲："一切教育的最终目的是形成人格。"人是来自于教育的成果，请切记荀子的教导！

请背诵这篇文章。